100 FAITS À SAVOIR SUR LES BANQUES

SCRIBE DU TEMPS

PRÉFACE

CHER LECTEUR,

À UNE ÉPOQUE OÙ LES MOUVEMENTS FINANCIERS MONDIALISÉS TISSENT LA TOILE COMPLEXE DE NOTRE RÉALITÉ ÉCONOMIQUE, IL EST ESSENTIEL DE DÉMYSTIFIER L'UN DES PILIERS FONDAMENTAUX DE NOTRE SOCIÉTÉ : LES BANQUES. C'EST AVEC UN SENTIMENT DE DÉCOUVERTE ET D'EXPLORATION QUE NOUS VOUS PRÉSENTONS "100 FAITS À SAVOIR SUR LES BANQUES", UN OUVRAGE CONÇU POUR ÉCLAIRER LES COINS LES PLUS OBSCURS DU MONDE BANCAIRE.

CE LIVRE EST LE RÉSULTAT D'UNE RECHERCHE APPROFONDIE ET D'UNE ANALYSE RIGOUREUSE, MENÉES AVEC LA PASSION ET LA CURIOSITÉ QUI CARACTÉRISENT LES FERVENTS EXPLORATEURS DU MONDE FINANCIER. NOTRE AMBITION EST DE VOUS EMMENER DANS UN PÉRIPLE À TRAVERS LES MÉANDRES DE L'HISTOIRE, DES FONCTIONNALITÉS, DES INNOVATIONS ET DES IMPACTS DES BANQUES, EN DÉVOILANT LES ROUAGES ET LES MYSTÈRES QUI SE CACHENT DERRIÈRE LEURS FAÇADES IMPOSANTES.

NOUS VIVONS DANS UNE ÈRE OÙ LA COMPRÉHENSION DE LA FINANCE EST PLUS QU'UNE SIMPLE CONNAISSANCE ; C'EST UNE NÉCESSITÉ. CET OUVRAGE EST UNE INVITATION À PLONGER DANS LES ASPECTS MULTIPLES ET SOUVENT

INSOUPÇONNÉS DES INSTITUTIONS BANCAIRES, DE LEUR GENÈSE DANS L'ANTIQUITÉ À LEUR RÔLE INCONTOURNABLE DANS L'ÉCONOMIE MODERNE, EN PASSANT PAR LES DÉFIS CONTEMPORAINS TELS QUE LA DIGITALISATION ET LA FINANCE DURABLE.

CHAQUE FAIT PRÉSENTÉ DANS CE LIVRE EST UNE PIÈCE DU PUZZLE COMPLEXE ET FASCINANT QU'EST LE SECTEUR BANCAIRE. NOUS AVONS VEILLÉ À CE QUE CHAQUE ÉLÉMENT SOIT EXPLIQUÉ AVEC CLARTÉ ET PRÉCISION, EN VEILLANT À RENDRE LE CONTENU ACCESSIBLE À TOUS, QUELS QUE SOIENT VOTRE EXPÉRIENCE OU VOTRE NIVEAU DE CONNAISSANCE EN MATIÈRE DE FINANCE.

NOTRE SOUHAIT EST QUE "100 FAITS À SAVOIR SUR LES BANQUES" VOUS GUIDE À TRAVERS UN VOYAGE DE DÉCOUVERTE, ALIMENTE VOTRE SOIF DE SAVOIR ET VOUS OFFRE UNE NOUVELLE PERSPECTIVE SUR L'IMPORTANCE ET L'INFLUENCE DES BANQUES DANS NOTRE MONDE. QUE CE LIVRE SOIT UNE SOURCE D'INSPIRATION, UN OUTIL D'ÉDUCATION ET UN COMPAGNON DANS VOTRE QUÊTE DE COMPRÉHENSION DU MONDE FINANCIER.

PRÉPAREZ-VOUS À DÉVOILER LES SECRETS DES BANQUES, À TRAVERS UN PARCOURS À LA FOIS ÉDUCATIF ET CAPTIVANT. BONNE LECTURE ET BIENVENUE DANS L'UNIVERS FASCINANT DES BANQUES.

1

AUX ORIGINES DES BANQUES

L'HISTOIRE DE LA BANQUE REMONTE À L'ANTIQUITÉ, OÙ LES PREMIÈRES FORMES DE BANQUES ÉMERGÈRENT DANS LES CIVILISATIONS BABYLONIENNES, GRECQUES ET ROMAINES. INITIALEMENT, LES BANQUES ÉTAIENT DES LIEUX OÙ LES GENS STOCKAIENT DES BIENS DE VALEUR, TELS QUE L'OR ET L'ARGENT. AVEC LE TEMPS, CES ÉTABLISSEMENTS ONT COMMENCÉ À PRÊTER DE L'ARGENT, MARQUANT AINSI LES DÉBUTS DU SYSTÈME BANCAIRE QUE NOUS CONNAISSONS AUJOURD'HUI. AU MOYEN GE, AVEC L'ESSOR DU COMMERCE, LES BANQUES ONT COMMENCÉ À OFFRIR DES SERVICES PLUS SOPHISTIQUÉS, TELS QUE LE CHANGE DE MONNAIES ET LA GESTION DE CRÉDITS. L'INVENTION DU BILLET DE BANQUE, AU XVIIE SIÈCLE, A RÉVOLUTIONNÉ LE SECTEUR, EN PERMETTANT UN ÉCHANGE D'ARGENT PLUS FACILE ET PLUS RAPIDE. CETTE ÉVOLUTION CONTINUE AUJOURD'HUI AVEC L'ÉMERGENCE DES TECHNOLOGIES NUMÉRIQUES, RENDANT LES BANQUES PLUS ACCESSIBLES ET DIVERSIFIÉES DANS LEURS OFFRES.

2

LES GARDIENS DE L'ÉCONOMIE

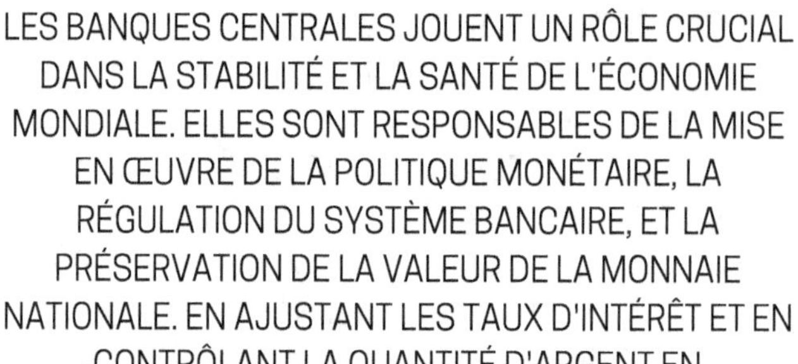

LES BANQUES CENTRALES JOUENT UN RÔLE CRUCIAL DANS LA STABILITÉ ET LA SANTÉ DE L'ÉCONOMIE MONDIALE. ELLES SONT RESPONSABLES DE LA MISE EN ŒUVRE DE LA POLITIQUE MONÉTAIRE, LA RÉGULATION DU SYSTÈME BANCAIRE, ET LA PRÉSERVATION DE LA VALEUR DE LA MONNAIE NATIONALE. EN AJUSTANT LES TAUX D'INTÉRÊT ET EN CONTRÔLANT LA QUANTITÉ D'ARGENT EN CIRCULATION, LES BANQUES CENTRALES INFLUENCENT LE NIVEAU D'INFLATION, LE CHÔMAGE, ET LA CROISSANCE ÉCONOMIQUE. EN PÉRIODE DE CRISE, ELLES AGISSENT COMME PRÊTEURS DE DERNIER RECOURS, FOURNISSANT LES LIQUIDITÉS NÉCESSAIRES POUR MAINTENIR LE SYSTÈME FINANCIER STABLE. LEUR INDÉPENDANCE PAR RAPPORT AU GOUVERNEMENT EST CRUCIALE POUR ÉVITER LES INFLUENCES POLITIQUES DE COURT TERME, ET ELLES JOUENT SOUVENT UN RÔLE DE CONSEILLER ÉCONOMIQUE AUPRÈS DES POLITIQUES.

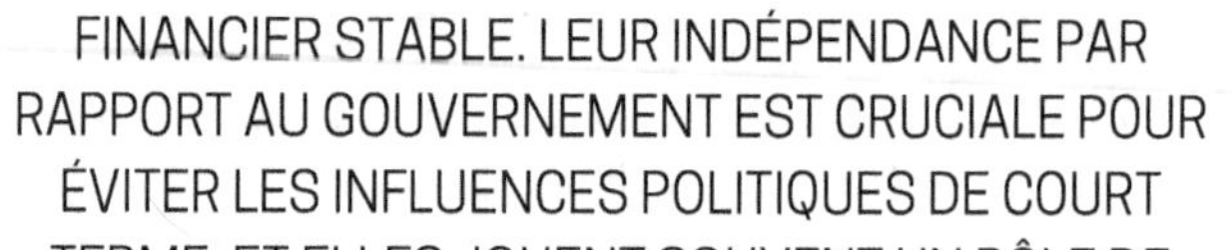

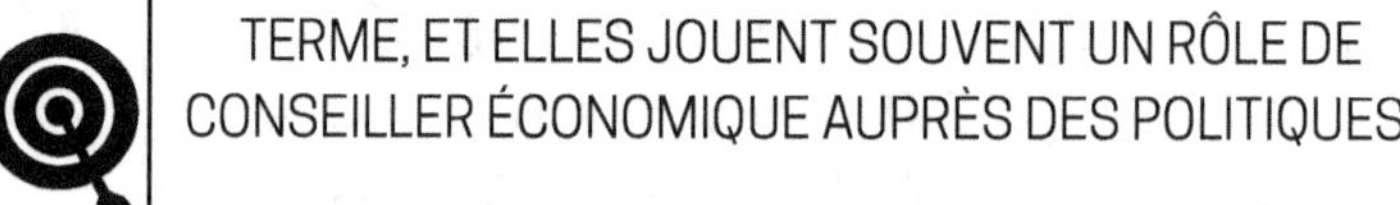

3

DEUX MONDES FINANCIERS

LES BANQUES COMMERCIALES ET LES BANQUES D'INVESTISSEMENT DIFFÈRENT PAR LEURS FONCTIONS ET SERVICES. LES BANQUES COMMERCIALES SE CONCENTRENT PRINCIPALEMENT SUR LES DÉPÔTS ET LES PRÊTS POUR LES PARTICULIERS ET LES ENTREPRISES. ELLES OFFRENT DES SERVICES TELS QUE LA GESTION DE COMPTES COURANTS, D'ÉPARGNE, DE PRÊTS HYPOTHÉCAIRES, ET DE PRÊTS PERSONNELS OU COMMERCIAUX. EN REVANCHE, LES BANQUES D'INVESTISSEMENT SE SPÉCIALISENT DANS LES SERVICES FINANCIERS POUR LES ENTREPRISES ET LES INVESTISSEURS INSTITUTIONNELS, INCLUANT LA SOUSCRIPTION D'ACTIONS ET D'OBLIGATIONS, LA FOURNITURE DE CONSEILS EN FUSIONS ET ACQUISITIONS, ET LA GESTION DE PORTEFEUILLES D'INVESTISSEMENT. ALORS QUE LES BANQUES COMMERCIALES ATTIRENT DES DÉPÔTS QUI LEUR PERMETTENT DE PRÊTER, LES BANQUES D'INVESTISSEMENT GÉNÈRENT LEURS REVENUS PRINCIPALEMENT À TRAVERS LES FRAIS ET COMMISSIONS DES SERVICES FINANCIERS QU'ELLES FOURNISSENT.

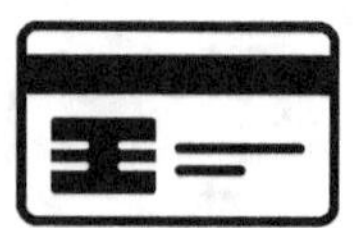

4

LE MYSTÈRE DES TAUX D'INTÉRÊT

LES TAUX D'INTÉRÊT, ESSENTIELS DANS L'ÉCONOMIE, SONT DÉTERMINÉS PAR PLUSIEURS FACTEURS, Y COMPRIS LES POLITIQUES DES BANQUES CENTRALES, L'INFLATION, ET LES CONDITIONS ÉCONOMIQUES GÉNÉRALES. LES BANQUES CENTRALES FIXENT LE TAUX DIRECTEUR, INFLUENÇANT DIRECTEMENT LES TAUX D'INTÉRÊT SUR LES PRÊTS ET LES DÉPÔTS. UN TAUX D'INTÉRÊT ÉLEVÉ PEUT RALENTIR L'EMPRUNT ET REFROIDIR UNE ÉCONOMIE SURCHAUFFÉE, TANDIS QU'UN TAUX BAS PEUT STIMULER LES INVESTISSEMENTS ET LA CONSOMMATION. LES TAUX D'INTÉRÊT INFLUENCENT ÉGALEMENT LE POUVOIR D'ACHAT, LE COÛT DES EMPRUNTS, ET LES RENDEMENTS DES INVESTISSEMENTS. ILS JOUENT UN RÔLE CRUCIAL DANS LES DÉCISIONS DES CONSOMMATEURS ET DES ENTREPRISES, AFFECTANT TOUT, DES PRÊTS IMMOBILIERS AUX INVESTISSEMENTS EN BOURSE.

5

L'ART DU PRÊT

LES CRÉDITS SONT DES ACCORDS FINANCIERS OÙ UNE PARTIE (LE PRÊTEUR) FOURNIT DES FONDS À UNE AUTRE PARTIE (L'EMPRUNTEUR) SOUS CONDITION DE REMBOURSEMENT AVEC INTÉRÊT. IL EXISTE PLUSIEURS TYPES DE PRÊTS, CHACUN ADAPTÉ À DES BESOINS SPÉCIFIQUES. LES PRÊTS PERSONNELS, GÉNÉRALEMENT SANS GARANTIE, SONT UTILISÉS POUR DES DÉPENSES PERSONNELLES. LES PRÊTS HYPOTHÉCAIRES, GARANTIS PAR UN BIEN IMMOBILIER, SONT DESTINÉS À L'ACHAT DE PROPRIÉTÉS. LES PRÊTS AUTO FINANCENT L'ACHAT DE VÉHICULES. LES PRÊTS ÉTUDIANTS AIDENT À COUVRIR LES FRAIS DE SCOLARITÉ ET D'ÉDUCATION. LES PRÊTS COMMERCIAUX SOUTIENNENT LES BESOINS FINANCIERS DES ENTREPRISES. CHAQUE TYPE DE PRÊT A SES PROPRES CONDITIONS, TAUX D'INTÉRÊT, ET ÉCHÉANCES DE REMBOURSEMENT, ADAPTÉES AUX RISQUES ET BESOINS SPÉCIFIQUES.

6

RÉVOLUTION NUMÉRIQUE

LA BANQUE EN LIGNE A CONNU UNE ASCENSION RAPIDE GRÂCE À L'AVANCÉE TECHNOLOGIQUE ET À L'ÉVOLUTION DES ATTENTES DES CONSOMMATEURS. OFFRANT COMMODITÉ, ACCESSIBILITÉ ET EFFICACITÉ, ELLE PERMET AUX UTILISATEURS DE GÉRER LEURS FINANCES À TOUT MOMENT ET DE N'IMPORTE OÙ. LES SERVICES EN LIGNE INCLUENT DES OPÉRATIONS COURANTES COMME LES VIREMENTS, LE PAIEMENT DE FACTURES, LA CONSULTATION DE SOLDE, ET MÊME DES ACTIVITÉS PLUS COMPLEXES COMME LA SOUSCRIPTION DE PRÊTS OU D'INVESTISSEMENTS. L'AVENIR DE LA BANQUE EN LIGNE S'ORIENTE VERS UNE INTÉGRATION ENCORE PLUS POUSSÉE AVEC LES TECHNOLOGIES COMME L'INTELLIGENCE ARTIFICIELLE POUR PERSONNALISER L'EXPÉRIENCE CLIENT, ET LA BLOCKCHAIN POUR RENFORCER LA SÉCURITÉ. LA TENDANCE EST ÉGALEMENT À L'ÉMERGENCE DE BANQUES ENTIÈREMENT NUMÉRIQUES, SANS AGENCES PHYSIQUES, RÉPONDANT AUX BESOINS D'UNE CLIENTÈLE DE PLUS EN PLUS À L'AISE AVEC LE NUMÉRIQUE.

CARTES DE CRÉDIT

LES CARTES DE CRÉDIT, APPARUES DANS LES ANNÉES 1950, ONT RÉVOLUTIONNÉ LA MANIÈRE DONT NOUS EFFECTUONS LES TRANSACTIONS. À L'ORIGINE, ELLES ÉTAIENT DES CARTES EN CARTON ÉMISES PAR DES MAGASINS INDIVIDUELS POUR LEURS CLIENTS RÉGULIERS. AVEC LE TEMPS, ELLES SE SONT TRANSFORMÉES EN PLASTIQUE ET SONT DEVENUES UNIVERSELLEMENT ACCEPTÉES, OFFRANT UNE FACILITÉ DE PAIEMENT ET UNE FLEXIBILITÉ ACCRUE. LE FONCTIONNEMENT D'UNE CARTE DE CRÉDIT EST BASÉ SUR UN SYSTÈME DE CRÉDIT RENOUVELABLE : LE TITULAIRE DE LA CARTE SE VOIT ACCORDER UNE LIGNE DE CRÉDIT ET PEUT EFFECTUER DES ACHATS JUSQU'À UNE CERTAINE LIMITE. LES MONTANTS DÉPENSÉS DOIVENT ÊTRE REMBOURSÉS, SOIT EN TOTALITÉ À LA FIN DU MOIS, SOIT PARTIELLEMENT AVEC DES INTÉRÊTS. LES CARTES DE CRÉDIT OFFRENT ÉGALEMENT DES AVANTAGES SUPPLÉMENTAIRES TELS QUE DES PROGRAMMES DE RÉCOMPENSES, DES ASSURANCES, ET DES PROTECTIONS CONTRE LA FRAUDE, RENFORÇANT LEUR POPULARITÉ PARMI LES CONSOMMATEURS.

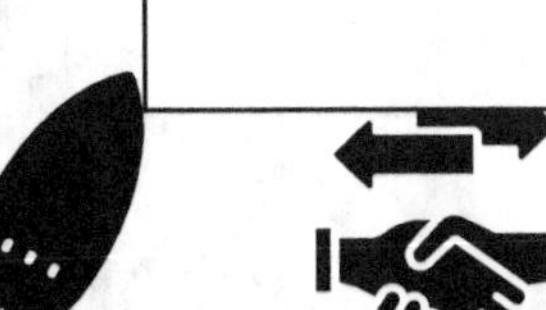

LA RÉGLEMENTATION BANCAIRE DÉCRYPTÉE

LA RÉGLEMENTATION BANCAIRE EST ESSENTIELLE POUR ASSURER LA STABILITÉ ET L'INTÉGRITÉ DU SYSTÈME FINANCIER. ELLE PROTÈGE LES DÉPOSANTS, MAINTIENT LA CONFIANCE DU PUBLIC DANS LE SYSTÈME BANCAIRE ET VISE À PRÉVENIR LES CRISES FINANCIÈRES. LES RÉGLEMENTATIONS COMPRENNENT DES EXIGENCES EN MATIÈRE DE CAPITAL, DE LIQUIDITÉ ET DE GESTION DES RISQUES, ASSURANT QUE LES BANQUES DISPOSENT DE SUFFISAMMENT DE FONDS POUR FAIRE FACE À DES PERTES POTENTIELLES. ELLES IMPOSENT ÉGALEMENT DES RESTRICTIONS SUR CERTAINS TYPES D'INVESTISSEMENTS ET DE PRÊTS POUR ÉVITER LES PRISES DE RISQUES EXCESSIVES. EN OUTRE, LA RÉGLEMENTATION BANCAIRE INCLUT DES MESURES DE PROTECTION DES CONSOMMATEURS, TELLES QUE LA DIVULGATION TRANSPARENTE DES FRAIS ET LA PRÉVENTION DE LA FRAUDE. DANS L'ENSEMBLE, CES RÈGLES SONT CRUCIALES POUR PRÉSERVER LA SANTÉ ET LA DURABILITÉ DU SYSTÈME FINANCIER MONDIAL.

9

CRISES FINANCIÈRES

LES CRISES FINANCIÈRES ONT UN IMPACT PROFOND ET SOUVENT DÉVASTATEUR SUR LES BANQUES ET L'ÉCONOMIE GLOBALE. ELLES PEUVENT ÊTRE DÉCLENCHÉES PAR DIVERS FACTEURS, TELS QUE DES BULLES SPÉCULATIVES, DES DÉFAILLANCES RÉGLEMENTAIRES, OU DES CHOCS ÉCONOMIQUES. LES CRISES ENTRAÎNENT GÉNÉRALEMENT UNE PERTE DE CONFIANCE, PROVOQUANT DES RETRAITS MASSIFS DE DÉPÔTS ET UNE DIMINUTION DE LA LIQUIDITÉ SUR LES MARCHÉS FINANCIERS. CELA PEUT CONDUIRE À DES FAILLITES BANCAIRES, DES SAUVETAGES PAR LES GOUVERNEMENTS ET DES RÉCESSIONS ÉCONOMIQUES. PAR EXEMPLE, LA CRISE FINANCIÈRE DE 2008, INITIÉE PAR L'EFFONDREMENT DU MARCHÉ IMMOBILIER AMÉRICAIN, A CONDUIT À UNE CRISE BANCAIRE MONDIALE, AFFECTANT DES INSTITUTIONS FINANCIÈRES MAJEURES ET ENTRAÎNANT DES INTERVENTIONS GOUVERNEMENTALES SANS PRÉCÉDENT. LES CRISES FINANCIÈRES SOULIGNENT L'IMPORTANCE D'UNE RÉGLEMENTATION ET D'UNE SURVEILLANCE EFFICACES DU SYSTÈME BANCAIRE POUR PRÉVENIR DE TELS ÉVÉNEMENTS.

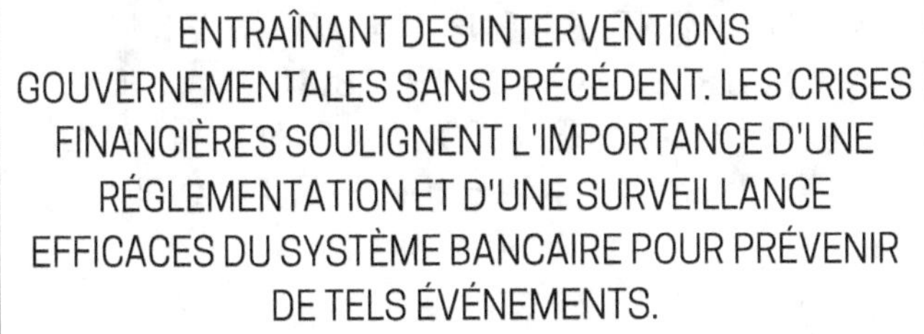

10

PRINCIPES DE LA BANQUE ISLAMIQUE

LA BANQUE ISLAMIQUE, BASÉE SUR LES PRINCIPES DE LA FINANCE ISLAMIQUE, SE DISTINGUE PAR SON ADHÉSION À LA CHARIA, LA LOI ISLAMIQUE. ELLE INTERDIT L'INTÉRÊT (RIBA), CONSIDÉRÉ COMME USURAIRE ET INJUSTE. À LA PLACE, LA BANQUE ISLAMIQUE SE BASE SUR DES CONCEPTS DE PARTAGE DES PROFITS ET DES PERTES, ET DE TRANSACTIONS BASÉES SUR DES ACTIFS TANGIBLES. LES PRODUITS FINANCIERS ISLAMIQUES COMPRENNENT LE MUDARABAH (PARTENARIAT DE PROFIT), LE MURABAHA (VENTE À MARGE), ET L'IJARA (LOCATION-VENTE). CES MÉTHODES VISENT À PROMOUVOIR L'ÉQUITÉ, LA TRANSPARENCE ET LA RESPONSABILITÉ SOCIALE DANS LES TRANSACTIONS FINANCIÈRES. LA BANQUE ISLAMIQUE ATTIRE NON SEULEMENT LES CLIENTS MUSULMANS, MAIS AUSSI CEUX QUI RECHERCHENT DES ALTERNATIVES ÉTHIQUES ET SOCIALEMENT RESPONSABLES AUX SYSTÈMES BANCAIRES TRADITIONNELS. SON EXPANSION MONDIALE TÉMOIGNE DE SON ADAPTABILITÉ ET DE SA PERTINENCE DANS LE CONTEXTE FINANCIER CONTEMPORAIN.

11

LA NOUVELLE FRONTIÈRE BANCAIRE

LA BLOCKCHAIN, TECHNOLOGIE SOUS-JACENTE DES CRYPTOMONNAIES, A UN POTENTIEL TRANSFORMATEUR POUR LES BANQUES. ELLE OFFRE UNE SÉCURITÉ ACCRUE, UNE TRANSPARENCE ET UNE EFFICACITÉ OPÉRATIONNELLE AMÉLIORÉE GRÂCE À SON SYSTÈME DÉCENTRALISÉ ET IMMUABLE. LES BANQUES EXPLORENT L'UTILISATION DE LA BLOCKCHAIN POUR DIVERSES APPLICATIONS, TELLES QUE LA SIMPLIFICATION DES PAIEMENTS TRANSFRONTALIERS, LA RÉDUCTION DES COÛTS DE TRANSACTION, ET L'AMÉLIORATION DE LA GESTION DES REGISTRES. LA BLOCKCHAIN PEUT ÉGALEMENT FACILITER LE SUIVI DES ACTIFS NUMÉRIQUES ET LA CONFORMITÉ RÉGLEMENTAIRE GRÂCE À SON SYSTÈME DE VÉRIFICATION TRANSPARENT. BIEN QUE SON ADOPTION SOIT ENCORE À UN STADE PRÉCOCE, LA BLOCKCHAIN A LE POTENTIEL DE REDÉFINIR DES ASPECTS CLÉS DU SECTEUR BANCAIRE, Y COMPRIS LA MANIÈRE DONT LES TRANSACTIONS SONT ENREGISTRÉES, TRAITÉES ET VALIDÉES.

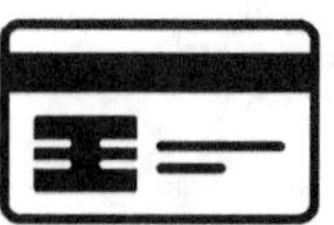

12

L'ÈRE DES SERVICES BANCAIRES MOBILES

LES SERVICES BANCAIRES MOBILES ONT CONNU UNE CROISSANCE EXPONENTIELLE CES DERNIÈRES ANNÉES, EN RAISON DE L'AUGMENTATION DE L'UTILISATION DES SMARTPHONES ET DES ATTENTES CHANGEANTES DES CONSOMMATEURS. ILS OFFRENT UNE COMMODITÉ SANS PRÉCÉDENT, PERMETTANT AUX UTILISATEURS DE RÉALISER DES TRANSACTIONS FINANCIÈRES, DE GÉRER LEURS COMPTES, ET D'ACCÉDER À DES SERVICES BANCAIRES À TOUT MOMENT ET N'IMPORTE OÙ. LES TENDANCES ACTUELLES INCLUENT L'UTILISATION ACCRUE DE L'INTELLIGENCE ARTIFICIELLE POUR FOURNIR UN SERVICE CLIENT PERSONNALISÉ, L'INTÉGRATION DE TECHNOLOGIES DE PAIEMENT SANS CONTACT, ET LE DÉVELOPPEMENT DE FONCTIONNALITÉS DE SÉCURITÉ AMÉLIORÉES, COMME LA BIOMÉTRIE. LES BANQUES SE CONCENTRENT ÉGALEMENT SUR L'AMÉLIORATION DE L'EXPÉRIENCE UTILISATEUR, RENDANT LES APPLICATIONS MOBILES PLUS INTUITIVES ET ACCESSIBLES. À L'AVENIR, LES SERVICES BANCAIRES MOBILES POURRAIENT DEVENIR LE PRINCIPAL POINT DE CONTACT ENTRE LES BANQUES ET LEURS CLIENTS, TRANSFORMANT RADICALEMENT L'EXPÉRIENCE BANCAIRE TRADITIONNELLE.

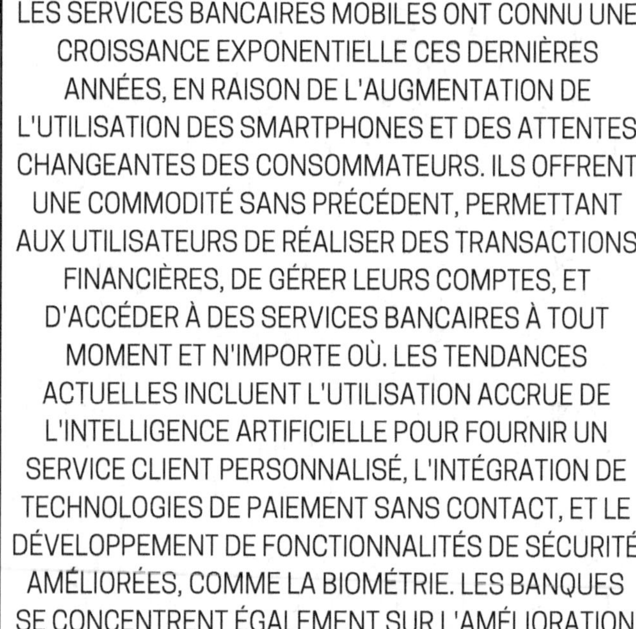

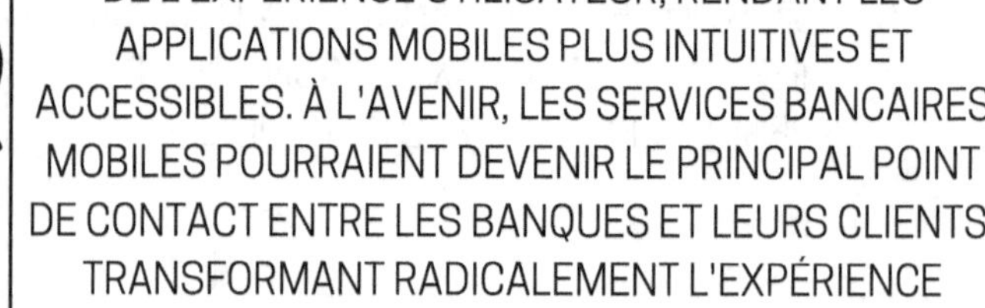

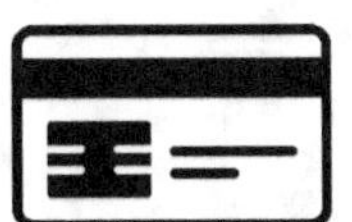

13

DÉJOUER LA FRAUDE BANCAIRE

LA FRAUDE BANCAIRE DÉSIGNE LES ACTIVITÉS ILLÉGALES VISANT À OBTENIR DE L'ARGENT OU DES ACTIFS D'UNE INSTITUTION FINANCIÈRE OU DE SES CLIENTS. PARMI LES TYPES COURANTS, ON TROUVE LE PHISHING, OÙ LES FRAUDEURS USURPENT L'IDENTITÉ D'UNE BANQUE POUR OBTENIR DES INFORMATIONS CONFIDENTIELLES, ET LE SKIMMING, QUI CONSISTE À COPIER ILLÉGALEMENT LES INFORMATIONS D'UNE CARTE BANCAIRE. LES BANQUES ADOPTENT DES MESURES DE PRÉVENTION TELLES QUE DES SYSTÈMES DE SURVEILLANCE SOPHISTIQUÉS POUR DÉTECTER LES TRANSACTIONS SUSPECTES, DES PROTOCOLES DE SÉCURITÉ RENFORCÉS POUR LES TRANSACTIONS EN LIGNE, ET DES CAMPAGNES DE SENSIBILISATION POUR ÉDUQUER LES CLIENTS SUR LES PRATIQUES DE SÉCURITÉ. LA PRÉVENTION DE LA FRAUDE EST ESSENTIELLE NON SEULEMENT POUR PROTÉGER LES ACTIFS FINANCIERS, MAIS AUSSI POUR MAINTENIR LA CONFIANCE DES CLIENTS DANS LE SYSTÈME BANCAIRE.

14

PILIER FINANCIER

LES COMPTES D'ÉPARGNE JOUENT UN RÔLE CRUCIAL DANS LA GESTION PERSONNELLE DES FINANCES. ILS PERMETTENT AUX INDIVIDUS DE METTRE DE CÔTÉ DE L'ARGENT POUR DES OBJECTIFS À COURT OU LONG TERME, TOUT EN GAGNANT DES INTÉRÊTS. CONTRAIREMENT AUX COMPTES COURANTS, LES COMPTES D'ÉPARGNE OFFRENT GÉNÉRALEMENT DES TAUX D'INTÉRÊT PLUS ÉLEVÉS, ENCOURAGEANT AINSI L'ÉPARGNE. DE NOMBREUX TYPES DE COMPTES D'ÉPARGNE EXISTENT, CHACUN AVEC SES PROPRES RÈGLES CONCERNANT LES TAUX D'INTÉRÊT, LES RETRAITS, ET LES DÉPÔTS MINIMUMS. LES COMPTES D'ÉPARGNE SONT ÉGALEMENT UN ÉLÉMENT IMPORTANT DE L'ÉCONOMIE GLOBALE, CAR LES FONDS DÉPOSÉS PEUVENT ÊTRE PRÊTÉS PAR LES BANQUES À D'AUTRES CLIENTS SOUS FORME DE CRÉDITS, STIMULANT AINSI L'ACTIVITÉ ÉCONOMIQUE.

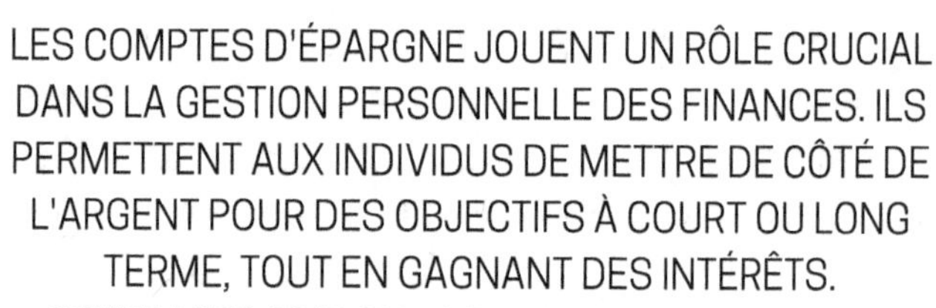

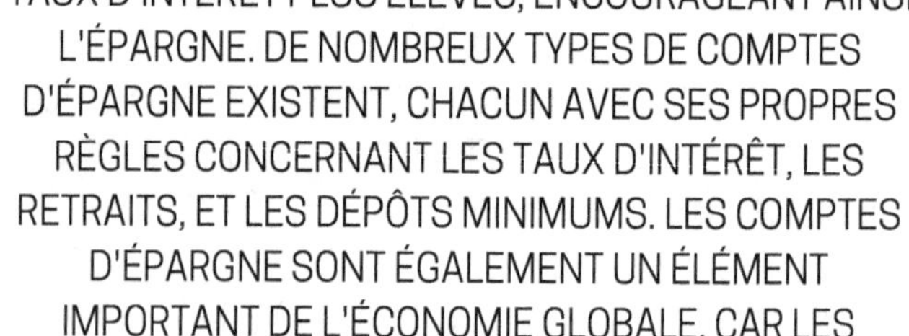

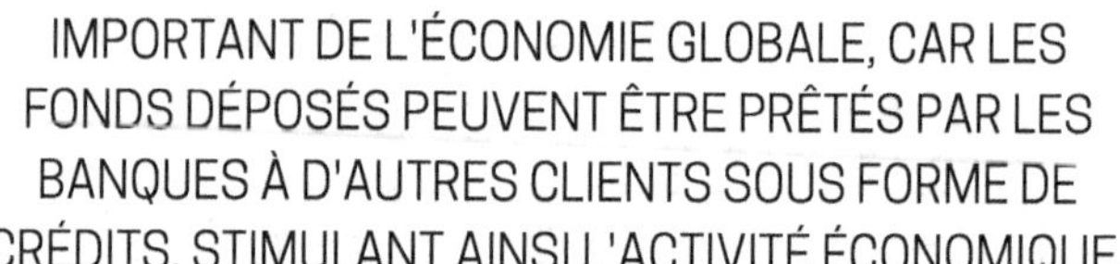

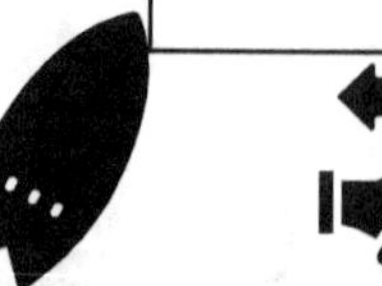

15

LES ARTÈRES DU COMMERCE INTERNATIONAL

LE FINANCEMENT DU COMMERCE INTERNATIONAL EST VITAL POUR L'ÉCONOMIE MONDIALE, FACILITANT L'IMPORTATION ET L'EXPORTATION DE BIENS ENTRE LES PAYS. IL COMPREND DES INSTRUMENTS FINANCIERS COMME LES CRÉDITS DOCUMENTAIRES, LES REMISES DOCUMENTAIRES, ET LES GARANTIES BANCAIRES, QUI ASSURENT QUE LES EXPORTATEURS REÇOIVENT LE PAIEMENT ET QUE LES IMPORTATEURS REÇOIVENT LES MARCHANDISES COMME CONVENU.

LES BANQUES JOUENT UN RÔLE CENTRAL DANS CE PROCESSUS, EN FOURNISSANT NON SEULEMENT LE FINANCEMENT NÉCESSAIRE MAIS AUSSI EN AGISSANT COMME INTERMÉDIAIRES DE CONFIANCE ENTRE LES PARTIES COMMERCIALES. EN ASSURANT LE BON DÉROULEMENT DES TRANSACTIONS INTERNATIONALES, LE FINANCEMENT DU COMMERCE CONTRIBUE À LA STABILITÉ ET À LA CROISSANCE ÉCONOMIQUE MONDIALE, EN FACILITANT L'ACCÈS DES ENTREPRISES AUX MARCHÉS MONDIAUX.

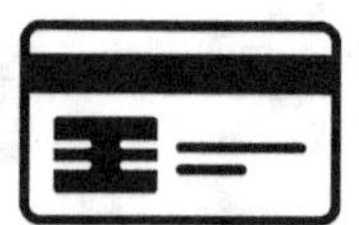

16

HEDGE FUNDS ET BANQUES

LES HEDGE FUNDS SONT DES FONDS D'INVESTISSEMENT PRIVÉS QUI UTILISENT UNE GAMME DE STRATÉGIES POUR RÉALISER DES GAINS DE CAPITAUX ÉLEVÉS. LEUR RELATION AVEC LES BANQUES EST MULTIFACETTE. D'UNE PART, LES BANQUES FOURNISSENT DES SERVICES DE FINANCEMENT ET D'OPÉRATIONS SUR TITRES AUX HEDGE FUNDS, LEUR PERMETTANT D'ACCÉDER À DES CAPITAUX SUPPLÉMENTAIRES POUR LEURS INVESTISSEMENTS. D'AUTRE PART, LES BANQUES PEUVENT INVESTIR DIRECTEMENT DANS DES HEDGE FUNDS OU OFFRIR DES FONDS DE HEDGE FUNDS À LEURS CLIENTS. CEPENDANT, CETTE RELATION COMPORTE DES RISQUES, NOTAMMENT EN TERMES DE LIQUIDITÉ ET DE LEVIER, QUI PEUVENT AVOIR DES RÉPERCUSSIONS SUR LA STABILITÉ FINANCIÈRE. LA CRISE FINANCIÈRE DE 2008 A MIS EN ÉVIDENCE LA NÉCESSITÉ D'UNE RÉGLEMENTATION ET D'UNE SURVEILLANCE ACCRUES DE CES INTERACTIONS POUR MINIMISER LES RISQUES SYSTÉMIQUES.

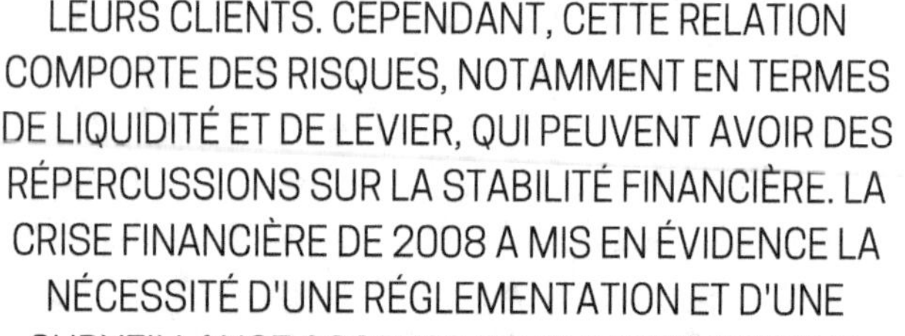

L'ASSURANCE-DÉPÔTS EXPLIQUÉE

L'ASSURANCE-DÉPÔTS EST UN MÉCANISME QUI PROTÈGE LES DÉPÔTS DES CLIENTS DANS LES BANQUES, EN CAS DE DÉFAILLANCE BANCAIRE. ELLE EST GÉNÉRALEMENT FOURNIE PAR UN ORGANISME GOUVERNEMENTAL OU UN FONDS D'ASSURANCE SPÉCIFIQUE. CETTE ASSURANCE EST CRUCIALE CAR ELLE MAINTIENT LA CONFIANCE DES DÉPOSANTS DANS LE SYSTÈME BANCAIRE. SANS ELLE, IL Y AURAIT UN RISQUE ACCRU DE PANIQUES BANCAIRES, OÙ LES DÉPOSANTS RETIRENT MASSIVEMENT LEURS FONDS PAR CRAINTE DE PERDRE LEUR ARGENT. L'ASSURANCE-DÉPÔTS CONTRIBUE AINSI À LA STABILITÉ DU SYSTÈME FINANCIER EN ASSURANT AUX CLIENTS QUE LEURS DÉPÔTS SONT EN SÉCURITÉ, JUSQU'À UN CERTAIN MONTANT, MÊME EN CAS DE CRISE BANCAIRE.

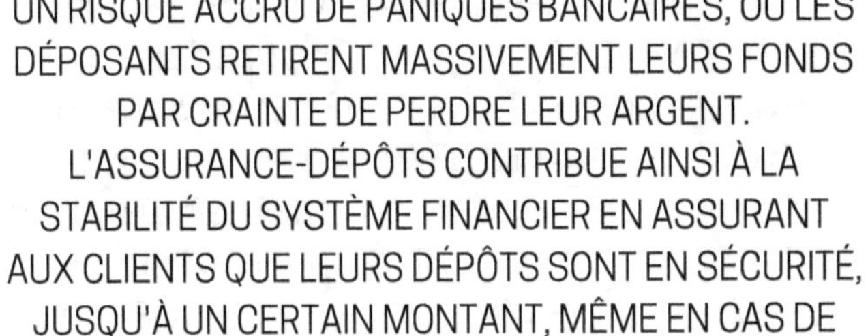

18

MOTEUR DE DÉVELOPPEMENT

LA MICROFINANCE DÉSIGNE LA FOURNITURE DE SERVICES FINANCIERS, TELS QUE DES MICROCRÉDITS, DES MICRO-ÉPARGNES ET DES MICRO-ASSURANCES, AUX PERSONNES À FAIBLE REVENU ET AUX PETITES ENTREPRISES QUI N'ONT PAS ACCÈS AUX SERVICES BANCAIRES TRADITIONNELS. ELLE JOUE UN RÔLE CRUCIAL DANS LES ÉCONOMIES EN DÉVELOPPEMENT EN PERMETTANT À CES SEGMENTS SOUS-DESSERVIS D'ACCÉDER AU CRÉDIT ET À D'AUTRES SERVICES FINANCIERS. CELA AIDE À STIMULER L'ENTREPRENEURIAT, À RÉDUIRE LA PAUVRETÉ ET À FAVORISER L'INCLUSION FINANCIÈRE. LES INSTITUTIONS DE MICROFINANCE ONT ÉGALEMENT UN IMPACT SOCIAL SIGNIFICATIF, EN CIBLANT SOUVENT LES FEMMES ET EN SOUTENANT DES PROJETS QUI AMÉLIORENT LES CONDITIONS DE VIE COMMUNAUTAIRES. MALGRÉ CERTAINS DÉFIS, COMME LES TAUX D'INTÉRÊT ÉLEVÉS ET LA DURABILITÉ FINANCIÈRE, LA MICROFINANCE RESTE UN OUTIL PUISSANT POUR LE DÉVELOPPEMENT ÉCONOMIQUE ET SOCIAL.

19

BLANCHIMENT D'ARGENT

LE BLANCHIMENT D'ARGENT EST LE PROCESSUS PAR LEQUEL LES GAINS D'ACTIVITÉS CRIMINELLES SONT TRANSFORMÉS EN FONDS APPAREMMENT LÉGITIMES. IL SE DÉROULE GÉNÉRALEMENT EN TROIS ÉTAPES : LE PLACEMENT (INTRODUCTION DES FONDS ILLICITES DANS LE SYSTÈME FINANCIER), L'EMPILEMENT (COMPLEXIFICATION DES TRANSACTIONS POUR BROUILLER L'ORIGINE DES FONDS), ET L'INTÉGRATION (RÉINTRODUCTION DES FONDS DANS L'ÉCONOMIE SOUS FORME DE REVENUS APPAREMMENT LÉGAUX). LE BLANCHIMENT D'ARGENT POSE DES DÉFIS MAJEURS POUR LES INSTITUTIONS FINANCIÈRES ET LES AUTORITÉS RÉGLEMENTAIRES, CAR IL ALIMENTE LE CRIME ORGANISÉ, DÉSTABILISE LES MARCHÉS FINANCIERS ET MINE L'INTÉGRITÉ DES SYSTÈMES FINANCIERS. LES BANQUES JOUENT UN RÔLE CRUCIAL DANS LA DÉTECTION ET LA PRÉVENTION DU BLANCHIMENT D'ARGENT, EN METTANT EN PLACE DES SYSTÈMES DE SURVEILLANCE ROBUSTES ET EN SE CONFORMANT AUX LOIS ET RÉGLEMENTATIONS ANTI-BLANCHIMENT.

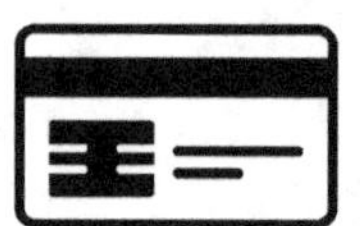

20

LA BANQUE PRIVÉE DÉMYSTIFIÉE

LA BANQUE PRIVÉE OFFRE DES SERVICES FINANCIERS SUR MESURE AUX CLIENTS FORTUNÉS, INCLUANT LA GESTION DE PATRIMOINE, LA PLANIFICATION FINANCIÈRE, LES CONSEILS EN INVESTISSEMENT, ET LA PLANIFICATION SUCCESSORALE. CONTRAIREMENT AUX SERVICES BANCAIRES DE DÉTAIL QUI S'ADRESSENT AU GRAND PUBLIC, LA BANQUE PRIVÉE SE CONCENTRE SUR LES BESOINS SPÉCIFIQUES DES INDIVIDUS À HAUT REVENU OU À VALEUR NETTE ÉLEVÉE. CES SERVICES SONT SOUVENT PERSONNALISÉS ET IMPLIQUENT UNE RELATION ÉTROITE ET DE LONG TERME ENTRE LE CLIENT ET SON GESTIONNAIRE DE PATRIMOINE. EN PLUS DE LA GESTION D'ACTIFS, LA BANQUE PRIVÉE PEUT OFFRIR DES SERVICES EXCLUSIFS TELS QUE DES PRÊTS À DES CONDITIONS PRIVILÉGIÉES, DES SERVICES DE CONCIERGERIE, ET L'ACCÈS À DES OPPORTUNITÉS D'INVESTISSEMENT UNIQUES. LA DISCRÉTION, L'EXPERTISE ET UNE COMPRÉHENSION APPROFONDIE DES BESOINS DU CLIENT SONT ESSENTIELLES DANS CE SECTEUR.

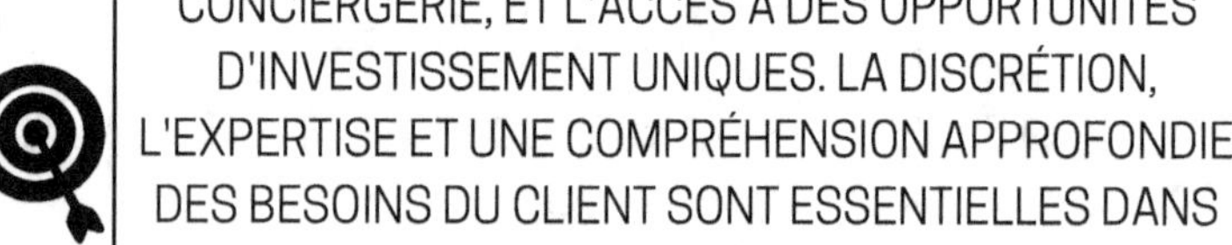

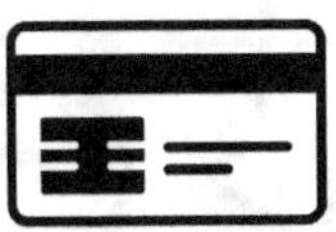

21

FUSIONS ET ACQUISITIONS BANCAIRES

LES FUSIONS ET ACQUISITIONS (F&A) DANS LE SECTEUR BANCAIRE SONT DES STRATÉGIES CLÉS POUR LA CROISSANCE, L'EXPANSION GÉOGRAPHIQUE, ET L'ACQUISITION DE NOUVELLES COMPÉTENCES OU TECHNOLOGIES. UNE FUSION IMPLIQUE LA COMBINAISON DE DEUX BANQUES POUR FORMER UNE NOUVELLE ENTITÉ, TANDIS QU'UNE ACQUISITION SE PRODUIT LORSQU'UNE BANQUE EN ACHÈTE UNE AUTRE. CES OPÉRATIONS PERMETTENT AUX BANQUES D'AUGMENTER LEUR PART DE MARCHÉ, DE RÉALISER DES ÉCONOMIES D'ÉCHELLE, ET DE DIVERSIFIER LEURS SERVICES. CEPENDANT, LES F&A SONT COMPLEXES ET COMPORTENT DES DÉFIS, TELS QUE L'INTÉGRATION DES SYSTÈMES INFORMATIQUES, LA GESTION DE LA CULTURE D'ENTREPRISE, ET LE RESPECT DES RÉGLEMENTATIONS. RÉUSSIES, ELLES PEUVENT CONDUIRE À UNE PLUS GRANDE STABILITÉ FINANCIÈRE ET À UNE MEILLEURE OFFRE DE SERVICES POUR LES CLIENTS. EN REVANCHE, SI ELLES SONT MAL GÉRÉES, ELLES PEUVENT ENTRAÎNER DES PERTURBATIONS IMPORTANTES ET UNE PERTE DE VALEUR.

L'IMPACT DES NORMES IFRS

LES NORMES INTERNATIONALES D'INFORMATION FINANCIÈRE (IFRS) SONT UN ENSEMBLE DE STANDARDS COMPTABLES VISANT À UNIFORMISER LA PRÉSENTATION DES ÉTATS FINANCIERS À L'ÉCHELLE MONDIALE. POUR LES BANQUES, L'ADOPTION DES IFRS A UN IMPACT SIGNIFICATIF SUR LA MANIÈRE DONT ELLES RAPPORTENT LEURS ACTIFS, PASSIFS, ET RÉSULTATS FINANCIERS. LES NORMES IFRS EXIGENT UNE TRANSPARENCE ACCRUE ET UNE MEILLEURE COMPARABILITÉ DES RAPPORTS FINANCIERS ENTRE LES ENTITÉS INTERNATIONALES, CE QUI FACILITE LES DÉCISIONS DES INVESTISSEURS ET DES PARTIES PRENANTES. POUR LES BANQUES, CELA PEUT SIGNIFIER DES CHANGEMENTS DANS LA RECONNAISSANCE DES REVENUS, LA VALORISATION DES INSTRUMENTS FINANCIERS, ET LA COMPTABILISATION DES PERTES SUR CRÉDITS. BIEN QUE L'ADOPTION DES IFRS PUISSE REPRÉSENTER UN DÉFI EN TERMES DE MISE EN CONFORMITÉ, ELLE CONTRIBUE À UNE MEILLEURE INTÉGRITÉ ET FIABILITÉ DES INFORMATIONS FINANCIÈRES DANS LE SECTEUR BANCAIRE.

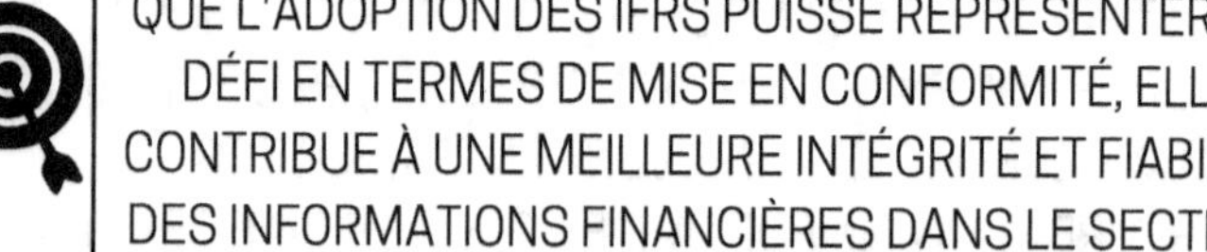

23

CONSEIL EN GESTION DE PATRIMOINE

LES SERVICES DE CONSEIL EN GESTION DE PATRIMOINE OFFRENT UNE ASSISTANCE PERSONNALISÉE DANS LA PLANIFICATION FINANCIÈRE, L'INVESTISSEMENT, LA FISCALITÉ, LA RETRAITE ET LA SUCCESSION. CES SERVICES S'ADRESSENT GÉNÉRALEMENT AUX INDIVIDUS À VALEUR NETTE ÉLEVÉE, AUX FAMILLES FORTUNÉES, ET AUX INSTITUTIONS, VISANT À OPTIMISER ET À GÉRER EFFICACEMENT LEUR PATRIMOINE. LES CONSEILLERS EN GESTION DE PATRIMOINE ÉVALUENT LA SITUATION FINANCIÈRE GLOBALE DE LEURS CLIENTS, IDENTIFIENT LES OBJECTIFS À LONG TERME, ET DÉVELOPPENT DES STRATÉGIES POUR ATTEINDRE CES OBJECTIFS TOUT EN MINIMISANT LES RISQUES ET LES IMPLICATIONS FISCALES. ILS PEUVENT ÉGALEMENT FOURNIR DES CONSEILS SUR DES QUESTIONS SPÉCIFIQUES, COMME LA DIVERSIFICATION DES INVESTISSEMENTS, LA PLANIFICATION DE LA RETRAITE, OU LA STRUCTURATION DE TRUSTS ET DE FONDATIONS. L'APPROCHE SUR MESURE ET LA RELATION ÉTROITE ENTRE LE CONSEILLER ET LE CLIENT SONT DES ASPECTS CLÉS DE CES SERVICES.

24

LA POLITIQUE MONÉTAIRE ET LES BANQUES

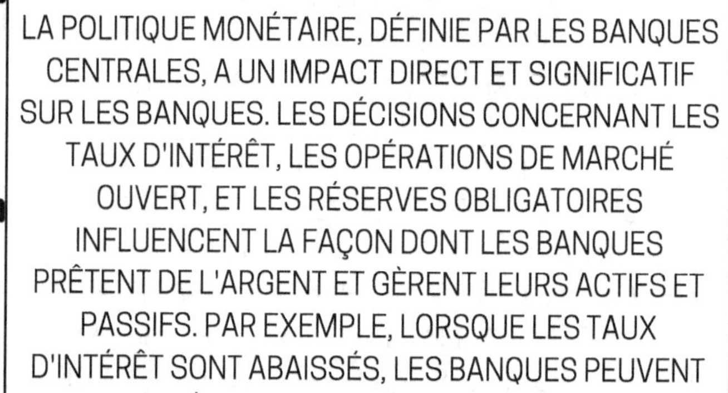

LA POLITIQUE MONÉTAIRE, DÉFINIE PAR LES BANQUES CENTRALES, A UN IMPACT DIRECT ET SIGNIFICATIF SUR LES BANQUES. LES DÉCISIONS CONCERNANT LES TAUX D'INTÉRÊT, LES OPÉRATIONS DE MARCHÉ OUVERT, ET LES RÉSERVES OBLIGATOIRES INFLUENCENT LA FAÇON DONT LES BANQUES PRÊTENT DE L'ARGENT ET GÈRENT LEURS ACTIFS ET PASSIFS. PAR EXEMPLE, LORSQUE LES TAUX D'INTÉRÊT SONT ABAISSÉS, LES BANQUES PEUVENT EMPRUNTER À MOINDRE COÛT, STIMULANT LE CRÉDIT ET L'INVESTISSEMENT DANS L'ÉCONOMIE. INVERSEMENT, DES TAUX D'INTÉRÊT PLUS ÉLEVÉS PEUVENT RÉDUIRE LES PRÊTS ET AUGMENTER LE COÛT DU CRÉDIT. DE PLUS, LES POLITIQUES MONÉTAIRES, COMME L'ASSOUPLISSEMENT QUANTITATIF, PEUVENT AFFECTER LA LIQUIDITÉ DU MARCHÉ ET LA VALEUR DES ACTIFS DÉTENUS PAR LES BANQUES. LES BANQUES DOIVENT DONC CONSTAMMENT S'ADAPTER À L'ENVIRONNEMENT DE LA POLITIQUE MONÉTAIRE POUR GÉRER LEURS RISQUES ET RESTER RENTABLES.

25

LES SECRETS DES PRÊTS HYPOTHÉCAIRES

LES PRÊTS HYPOTHÉCAIRES SONT DES PRÊTS UTILISÉS POUR L'ACHAT OU LA RÉNOVATION DE BIENS IMMOBILIERS, OÙ LE BIEN LUI-MÊME SERT DE GARANTIE POUR LE PRÊT. LE FONCTIONNEMENT EST RELATIVEMENT SIMPLE : L'EMPRUNTEUR REÇOIT UN MONTANT DE LA BANQUE POUR ACHETER LA PROPRIÉTÉ ET REMBOURSE LE PRÊT, AVEC INTÉRÊTS, SUR UNE PÉRIODE DÉTERMINÉE (GÉNÉRALEMENT 15 À 30 ANS). EN CAS DE NON-PAIEMENT, LA BANQUE PEUT SAISIR ET VENDRE LA PROPRIÉTÉ POUR RÉCUPÉRER SON ARGENT. IL EXISTE DIFFÉRENTS TYPES DE PRÊTS HYPOTHÉCAIRES, INCLUANT LES PRÊTS À TAUX FIXE (OÙ LE TAUX D'INTÉRÊT RESTE CONSTANT TOUT AU LONG DE LA DURÉE DU PRÊT) ET LES PRÊTS À TAUX VARIABLE (OÙ LE TAUX PEUT FLUCTUER EN FONCTION DES CONDITIONS DU MARCHÉ). CERTAINS PRÊTS OFFRENT DES OPTIONS DE REMBOURSEMENT FLEXIBLES OU DES PÉRIODES DE GRÂCE POUR S'ADAPTER AUX BESOINS SPÉCIFIQUES DES EMPRUNTEURS.

26

LUTTE CONTRE LE CHANGEMENT CLIMATIQUE

LES BANQUES JOUENT UN RÔLE DE PLUS EN PLUS ACTIF DANS LA LUTTE CONTRE LE CHANGEMENT CLIMATIQUE. ELLES LE FONT EN FINANÇANT DES PROJETS VERTS, COMME LES ÉNERGIES RENOUVELABLES, LES BÂTIMENTS À FAIBLE EMPREINTE CARBONE, ET LES TECHNOLOGIES DURABLES. DE PLUS, DE NOMBREUSES BANQUES S'ENGAGENT À RÉDUIRE LEURS PROPRES EMPREINTES CARBONE ET À FAVORISER DES INVESTISSEMENTS RESPONSABLES. ELLES INTÈGRENT DES CRITÈRES ENVIRONNEMENTAUX, SOCIAUX ET DE GOUVERNANCE (ESG) DANS LEURS DÉCISIONS D'INVESTISSEMENT ET LEURS OFFRES DE PRODUITS. LES BANQUES S'IMPLIQUENT ÉGALEMENT DANS DES INITIATIVES DE MARCHÉ TELLES QUE LES OBLIGATIONS VERTES, QUI FINANCENT DES PROJETS RESPECTUEUX DE L'ENVIRONNEMENT. EN ADOPTANT CES APPROCHES, LES BANQUES NON SEULEMENT CONTRIBUENT À UN AVENIR DURABLE, MAIS RÉPONDENT ÉGALEMENT AUX ATTENTES CROISSANTES DES CONSOMMATEURS ET DES RÉGULATEURS CONCERNANT LA RESPONSABILITÉ ENVIRONNEMENTALE.

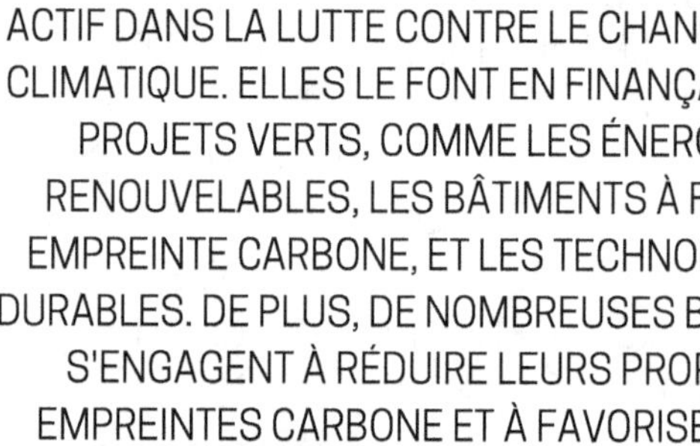

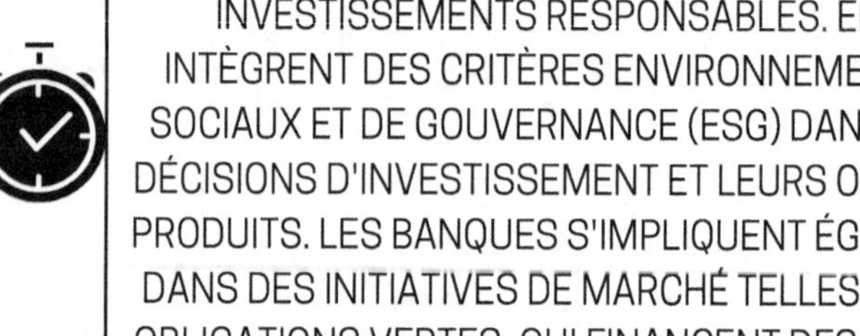

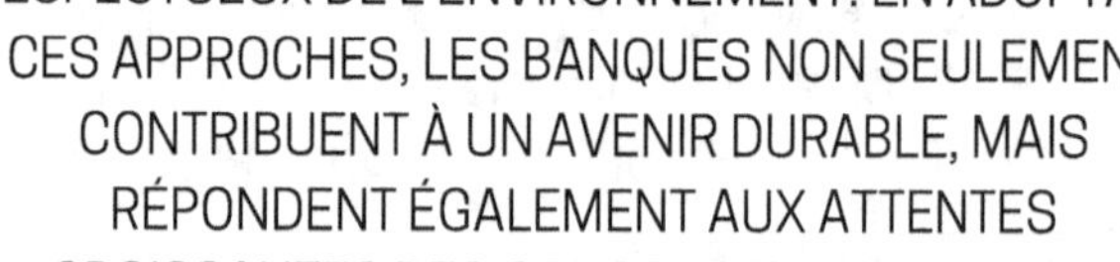
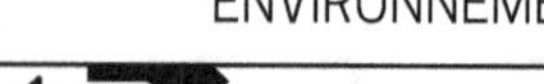

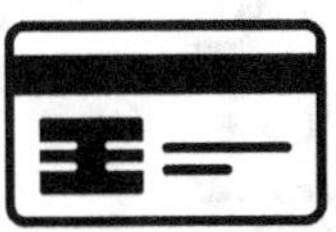

27

CRYPTOMONNAIES

A RELATION ENTRE LES CRYPTOMONNAIES ET LES BANQUES ÉVOLUE RAPIDEMENT. INITIALEMENT, LES CRYPTOMONNAIES ÉTAIENT PERÇUES COMME UNE MENACE POUR LE MODÈLE TRADITIONNEL DE BANQUE, OFFRANT UNE ALTERNATIVE DÉCENTRALISÉE AUX SYSTÈMES MONÉTAIRES CONTRÔLÉS PAR L'ÉTAT. CEPENDANT, DE PLUS EN PLUS DE BANQUES RECONNAISSENT LE POTENTIEL DES CRYPTOMONNAIES ET DE LA TECHNOLOGIE BLOCKCHAIN SOUS-JACENTE. CERTAINES BANQUES COMMENCENT À EXPLORER DES FAÇONS D'INTÉGRER LES CRYPTOMONNAIES DANS LEURS SERVICES, QUE CE SOIT EN OFFRANT DES SERVICES DE GARDE POUR LES ACTIFS NUMÉRIQUES, EN PARTICIPANT À DES CONSORTIUMS DE BLOCKCHAIN POUR LE RÈGLEMENT DES TRANSACTIONS, OU EN DÉVELOPPANT LEURS PROPRES MONNAIES NUMÉRIQUES. EN MÊME TEMPS, LES BANQUES SONT CONFRONTÉES À DES DÉFIS RÉGLEMENTAIRES, DE SÉCURITÉ, ET DE VOLATILITÉ LIÉS AUX CRYPTOMONNAIES, NÉCESSITANT UNE APPROCHE PRUDENTE ET RÉFLÉCHIE POUR LEUR INTÉGRATION DANS LE SECTEUR BANCAIRE TRADITIONNEL.

28

FINANCE COMPORTEMENTALE EN BANQUE

LA FINANCE COMPORTEMENTALE, QUI ÉTUDIE L'IMPACT DES FACTEURS PSYCHOLOGIQUES SUR LES COMPORTEMENTS DES INVESTISSEURS ET DES MARCHÉS FINANCIERS, A UNE INFLUENCE SIGNIFICATIVE DANS LE SECTEUR BANCAIRE. ELLE REMET EN QUESTION L'HYPOTHÈSE TRADITIONNELLE SELON LAQUELLE LES INDIVIDUS AGISSENT DE MANIÈRE RATIONNELLE ET OPTIMISENT TOUJOURS LEUR INTÉRÊT ÉCONOMIQUE. LES BANQUES L'UTILISENT POUR COMPRENDRE LES DÉCISIONS IRRATIONNELLES DES CLIENTS, COMME LES RÉACTIONS EXCESSIVES AUX TENDANCES DU MARCHÉ OU LES BIAIS DE CONFIRMATION. CETTE COMPRÉHENSION AIDE LES BANQUES À CONCEVOIR DES PRODUITS FINANCIERS MIEUX ADAPTÉS, À AMÉLIORER LE CONSEIL EN INVESTISSEMENT, ET À GÉRER LES RISQUES LIÉS AU COMPORTEMENT DES CLIENTS. LA FINANCE COMPORTEMENTALE JOUE ÉGALEMENT UN RÔLE DANS LA FORMATION DES EMPLOYÉS DES BANQUES, EN LES SENSIBILISANT AUX BIAIS COMPORTEMENTAUX QUI PEUVENT AFFECTER LEURS DÉCISIONS FINANCIÈRES.

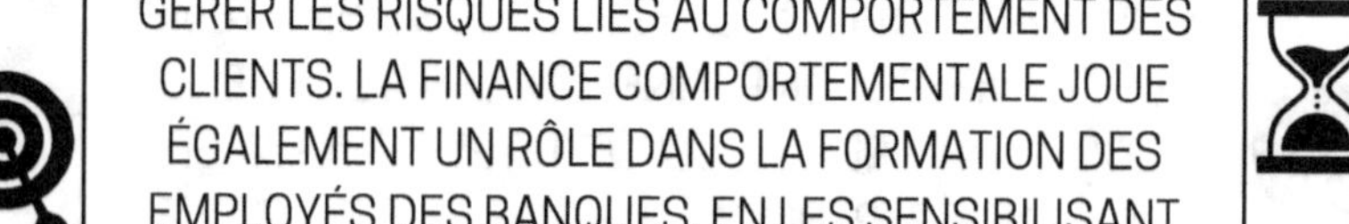

29

TAUX DE CHANGE ET ÉCONOMIE MONDIALE

LES TAUX DE CHANGE SONT LE PRIX D'UNE MONNAIE PAR RAPPORT À UNE AUTRE ET SONT DÉTERMINÉS SUR LE MARCHÉ DES DEVISES, UN MARCHÉ MONDIAL ET DÉCENTRALISÉ. LES FLUCTUATIONS DES TAUX DE CHANGE SONT INFLUENCÉES PAR DIVERS FACTEURS, TELS QUE LES DIFFÉRENCES DE TAUX D'INTÉRÊT, LA SANTÉ ÉCONOMIQUE D'UN PAYS, ET LES DÉCISIONS DE POLITIQUE MONÉTAIRE. LES BANQUES JOUENT UN RÔLE CLÉ SUR CE MARCHÉ, EN EFFECTUANT DES TRANSACTIONS DE DEVISES POUR LE COMPTE DE LEURS CLIENTS OU POUR LEURS PROPRES OPÉRATIONS. ELLES OFFRENT ÉGALEMENT DES SERVICES DE COUVERTURE POUR AIDER LES ENTREPRISES À SE PROTÉGER CONTRE LES RISQUES LIÉS AUX FLUCTUATIONS DES TAUX DE CHANGE. LA GESTION EFFICACE DU RISQUE DE CHANGE EST CRUCIALE POUR LES ENTREPRISES IMPLIQUÉES DANS LE COMMERCE INTERNATIONAL, CAR LES VARIATIONS DE TAUX PEUVENT AFFECTER CONSIDÉRABLEMENT LEURS COÛTS ET LEURS REVENUS.

30

RESPONSABILITÉ SOCIALE DES BANQUES

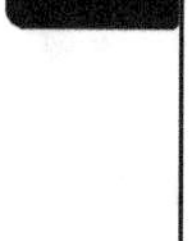

LA RESPONSABILITÉ SOCIALE D'ENTREPRISE (RSE) DANS LE SECTEUR BANCAIRE ENGLOBE LES PRATIQUES ÉTHIQUES, SOCIALES ET ENVIRONNEMENTALES ADOPTÉES PAR LES BANQUES DANS LEURS OPÉRATIONS. CELA INCLUT LE FINANCEMENT DE PROJETS DURABLES, L'ADOPTION DE PRATIQUES ÉTHIQUES EN MATIÈRE DE PRÊTS ET D'INVESTISSEMENTS, ET LA CONTRIBUTION AU DÉVELOPPEMENT ÉCONOMIQUE DES COMMUNAUTÉS. DE NOMBREUSES BANQUES INTÈGRENT LA RSE DANS LEUR STRATÉGIE D'ENTREPRISE, RECONNAISSANT QUE DES PRATIQUES DURABLES PEUVENT CONTRIBUER À UNE IMAGE DE MARQUE POSITIVE ET À UNE RELATION DE CONFIANCE AVEC LES CLIENTS. LA RSE DANS LES BANQUES INCLUT ÉGALEMENT DES INITIATIVES INTERNES, TELLES QUE LA PROMOTION DE LA DIVERSITÉ ET DE L'INCLUSION AU SEIN DU PERSONNEL, LA RÉDUCTION DE L'EMPREINTE CARBONE, ET L'ENGAGEMENT DANS DES ACTIVITÉS DE BÉNÉVOLAT ET DE PHILANTHROPIE. CETTE APPROCHE HOLISTIQUE VISE NON SEULEMENT À AMÉLIORER LA PERFORMANCE FINANCIÈRE, MAIS AUSSI À AVOIR UN IMPACT POSITIF SUR LA SOCIÉTÉ ET L'ENVIRONNEMENT.

31

HISTOIRE DES BANQUES CENTRALES INFLUENTES

L'HISTOIRE DES BANQUES CENTRALES, INSTITUTIONS CRUCIALES DANS LA RÉGULATION ÉCONOMIQUE MONDIALE, EST FASCINANTE. LA BANQUE D'ANGLETERRE, FONDÉE EN 1694, EST L'UNE DES PLUS ANCIENNES ET A SERVI DE MODÈLE POUR DE NOMBREUSES AUTRES. ELLE A ÉTÉ SUIVIE PAR LA BANQUE DE FRANCE EN 1800 ET LA RÉSERVE FÉDÉRALE DES ÉTATS-UNIS (FED) EN 1913. CES INSTITUTIONS ONT ÉVOLUÉ D'ENTITÉS PRIVÉES SERVANT LES INTÉRÊTS DES GOUVERNEMENTS À DES ORGANES INDÉPENDANTS CHARGÉS DE LA POLITIQUE MONÉTAIRE, DU CONTRÔLE DE L'INFLATION, ET DE LA STABILITÉ FINANCIÈRE. LEURS RÔLES SE SONT ÉTENDUS AU FIL DU TEMPS, INCLUANT LA SUPERVISION BANCAIRE, LA GESTION DES CRISES FINANCIÈRES, ET, PLUS RÉCEMMENT, LA RÉPONSE AUX DÉFIS ÉCONOMIQUES MONDIAUX. L'HISTOIRE DE CES BANQUES CENTRALES REFLÈTE L'ÉVOLUTION DES ÉCONOMIES QU'ELLES SERVENT, JOUANT UN RÔLE CLÉ DANS LA RÉPONSE AUX CRISES FINANCIÈRES, COMME CELLE DE 2008, ET INFLUENÇANT PROFONDÉMENT LA POLITIQUE ÉCONOMIQUE MONDIALE.

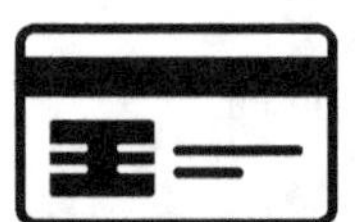

32

LA GESTION DES RISQUES BANCAIRES

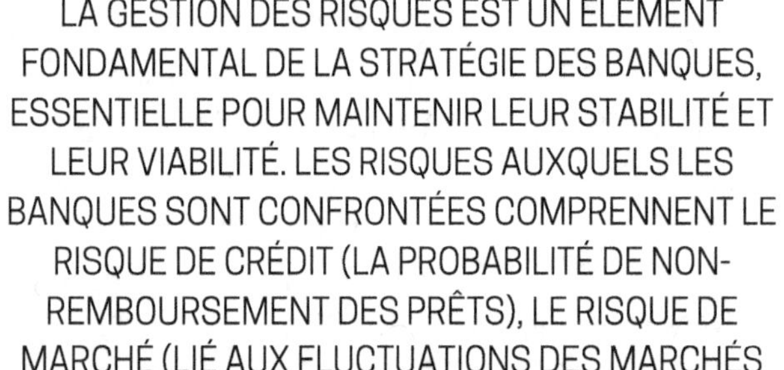

LA GESTION DES RISQUES EST UN ÉLÉMENT FONDAMENTAL DE LA STRATÉGIE DES BANQUES, ESSENTIELLE POUR MAINTENIR LEUR STABILITÉ ET LEUR VIABILITÉ. LES RISQUES AUXQUELS LES BANQUES SONT CONFRONTÉES COMPRENNENT LE RISQUE DE CRÉDIT (LA PROBABILITÉ DE NON-REMBOURSEMENT DES PRÊTS), LE RISQUE DE MARCHÉ (LIÉ AUX FLUCTUATIONS DES MARCHÉS FINANCIERS), LE RISQUE DE LIQUIDITÉ (LA CAPACITÉ DE RÉPONDRE AUX OBLIGATIONS FINANCIÈRES), ET LE RISQUE OPÉRATIONNEL (LIÉ AUX DÉFAILLANCES DES SYSTÈMES INTERNES OU DES PROCESSUS). LES BANQUES UTILISENT DIVERSES MÉTHODES POUR GÉRER CES RISQUES, NOTAMMENT DES ANALYSES DE SCÉNARIOS, LA DIVERSIFICATION DES PORTEFEUILLES, LA MISE EN PLACE DE RÉSERVES DE LIQUIDITÉ, ET LE RENFORCEMENT DES SYSTÈMES DE CONTRÔLE INTERNE. UNE GESTION EFFICACE DU RISQUE AIDE LES BANQUES À MINIMISER LES PERTES POTENTIELLES, À SE CONFORMER AUX RÉGLEMENTATIONS, ET À MAINTENIR LA CONFIANCE DES CLIENTS ET DES INVESTISSEURS.

33

LE MONDE DES OBLIGATIONS BANCAIRES

LES OBLIGATIONS SONT DES INSTRUMENTS DE DETTE ÉMIS PAR DES ENTITÉS, COMME DES GOUVERNEMENTS OU DES ENTREPRISES, POUR LEVER DES FONDS. LES BANQUES JOUENT UN RÔLE CLÉ SUR LE MARCHÉ OBLIGATAIRE, À LA FOIS COMME ÉMETTEURS ET COMME INVESTISSEURS. LES TYPES D'OBLIGATIONS INCLUENT LES OBLIGATIONS GOUVERNEMENTALES (ÉMISES PAR DES ÉTATS POUR FINANCER LEURS DÉPENSES), LES OBLIGATIONS MUNICIPALES (ÉMISES PAR DES AUTORITÉS LOCALES), ET LES OBLIGATIONS D'ENTREPRISE (POUR FINANCER LES ACTIVITÉS DES ENTREPRISES). LES BANQUES UTILISENT LES OBLIGATIONS COMME SOURCE DE FINANCEMENT ET COMME PLACEMENTS POUR GÉRER LEUR LIQUIDITÉ ET LEURS PORTEFEUILLES D'ACTIFS. LES OBLIGATIONS OFFRENT UN RENDEMENT SOUS FORME D'INTÉRÊTS ET SONT GÉNÉRALEMENT CONSIDÉRÉES COMME DES INVESTISSEMENTS MOINS RISQUÉS QUE LES ACTIONS, BIEN QUE LEUR SÉCURITÉ DÉPENDE DE LA SOLVABILITÉ DE L'ÉMETTEUR. LES BANQUES SONT ÉGALEMENT ACTIVES DANS LE TRADING D'OBLIGATIONS, CONTRIBUANT À LA LIQUIDITÉ ET À L'EFFICACITÉ DU MARCHÉ OBLIGATAIRE.

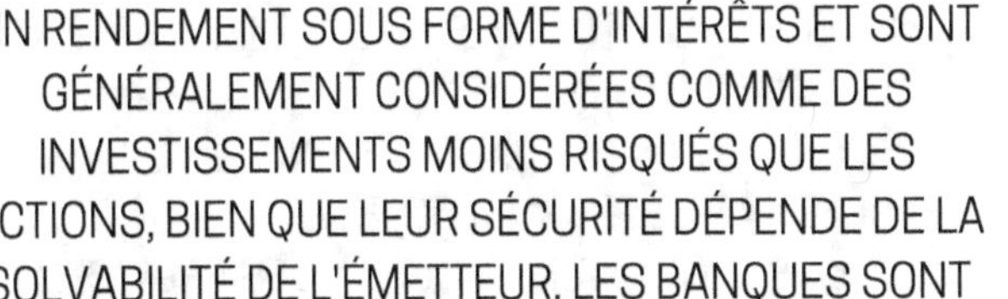

LA DIVERSIFICATION DES SERVICES BANCAIRES

LA DIVERSIFICATION DES SERVICES BANCAIRES EST UNE STRATÉGIE ADOPTÉE PAR LES BANQUES POUR S'ADAPTER À UN ENVIRONNEMENT FINANCIER EN CONSTANTE ÉVOLUTION ET POUR RÉPONDRE AUX BESOINS DIVERSIFIÉS DE LEURS CLIENTS. TRADITIONNELLEMENT CONCENTRÉES SUR LES DÉPÔTS ET LES PRÊTS, LES BANQUES ONT ÉTENDU LEURS OFFRES À UNE VARIÉTÉ DE SERVICES, TELS QUE LA GESTION DE PATRIMOINE, L'ASSURANCE, LES SERVICES DE CONSEIL EN INVESTISSEMENT, ET LES SOLUTIONS DE PAIEMENT ÉLECTRONIQUE. CETTE DIVERSIFICATION PERMET AUX BANQUES DE GÉNÉRER DE NOUVELLES SOURCES DE REVENUS, DE RÉDUIRE LEUR DÉPENDANCE À CERTAINS PRODUITS FINANCIERS, ET D'AMÉLIORER LA SATISFACTION CLIENT EN OFFRANT UNE EXPÉRIENCE BANCAIRE PLUS COMPLÈTE. ELLE AIDE ÉGALEMENT À ATTÉNUER LES RISQUES EN ÉQUILIBRANT LES ACTIVITÉS DANS DIFFÉRENTS SECTEURS ÉCONOMIQUES. LA DIVERSIFICATION EST ÉGALEMENT STIMULÉE PAR LA TECHNOLOGIE, AVEC L'ÉMERGENCE DE LA BANQUE NUMÉRIQUE ET DES SERVICES INNOVANTS TELS QUE LA BANQUE MOBILE ET LES PAIEMENTS SANS CONTACT.

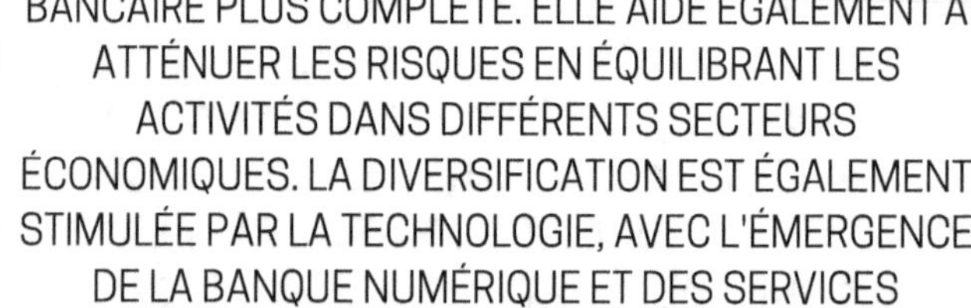

35

INNOVATIONS DANS LES SYSTÈMES DE PAIEMENT

LES SYSTÈMES DE PAIEMENT ONT CONSIDÉRABLEMENT ÉVOLUÉ AVEC LES PROGRÈS TECHNOLOGIQUES, PASSANT DES TRANSACTIONS EN ESPÈCES ET PAR CHÈQUE AUX SOLUTIONS NUMÉRIQUES AVANCÉES. L'INNOVATION DANS LES SYSTÈMES DE PAIEMENT A ÉTÉ MOTIVÉE PAR LA DEMANDE CROISSANTE DE RAPIDITÉ, DE SÉCURITÉ ET DE COMMODITÉ. LES DÉVELOPPEMENTS RÉCENTS INCLUENT LES PAIEMENTS SANS CONTACT, LES PORTEFEUILLES ÉLECTRONIQUES, ET LES PAIEMENTS MOBILES, QUI PERMETTENT DES TRANSACTIONS RAPIDES ET SÉCURISÉES AVEC UN SIMPLE SMARTPHONE. LES SYSTÈMES DE PAIEMENT EN TEMPS RÉEL (RTP), QUI PERMETTENT LE TRANSFERT INSTANTANÉ DE FONDS, GAGNENT ÉGALEMENT EN POPULARITÉ. EN OUTRE, L'ADOPTION CROISSANTE DE LA BLOCKCHAIN ET DES CRYPTOMONNAIES PROMET DE TRANSFORMER DAVANTAGE LES SYSTÈMES DE PAIEMENT, OFFRANT DES AVANTAGES TELS QUE LA RÉDUCTION DES COÛTS DE TRANSACTION ET UNE PLUS GRANDE TRANSPARENCE. CES INNOVATIONS NE SE LIMITENT PAS À AMÉLIORER L'EXPÉRIENCE CLIENT ; ELLES JOUENT ÉGALEMENT UN RÔLE CRUCIAL DANS L'INCLUSION FINANCIÈRE EN RENDANT LES SERVICES BANCAIRES ACCESSIBLES À UNE POPULATION PLUS LARGE.

LES PRODUITS DÉRIVÉS EN BANQUE

LES PRODUITS DÉRIVÉS SONT DES INSTRUMENTS FINANCIERS DONT LA VALEUR EST DÉRIVÉE D'UN ACTIF SOUS-JACENT, COMME DES ACTIONS, DES OBLIGATIONS, DES DEVISES, OU DES INDICES. LES BANQUES UTILISENT LES DÉRIVÉS POUR PLUSIEURS RAISONS, NOTAMMENT POUR LA GESTION DES RISQUES, LA SPÉCULATION, ET L'ACCÈS À DE NOUVEAUX MARCHÉS OU ACTIFS. LES TYPES COURANTS DE PRODUITS DÉRIVÉS COMPRENNENT LES CONTRATS À TERME, LES OPTIONS, LES SWAPS, ET LES CONTRATS DE DIFFÉRENCE (CFD). PAR EXEMPLE, LES SWAPS DE TAUX D'INTÉRÊT PERMETTENT AUX BANQUES DE GÉRER LE RISQUE DE FLUCTUATION DES TAUX D'INTÉRÊT, TANDIS QUE LES OPTIONS DONNENT LE DROIT, MAIS PAS L'OBLIGATION, D'ACHETER OU DE VENDRE UN ACTIF À UN PRIX SPÉCIFIÉ. BIEN QUE LES PRODUITS DÉRIVÉS PUISSENT OFFRIR DES OPPORTUNITÉS SIGNIFICATIVES DE GAINS, ILS COMPORTENT ÉGALEMENT DES RISQUES, COMME LE RISQUE DE CONTREPARTIE ET LA COMPLEXITÉ DU MARCHÉ. LES BANQUES DOIVENT DONC LES GÉRER AVEC PRUDENCE POUR ÉVITER DES PERTES POTENTIELLEMENT IMPORTANTES.

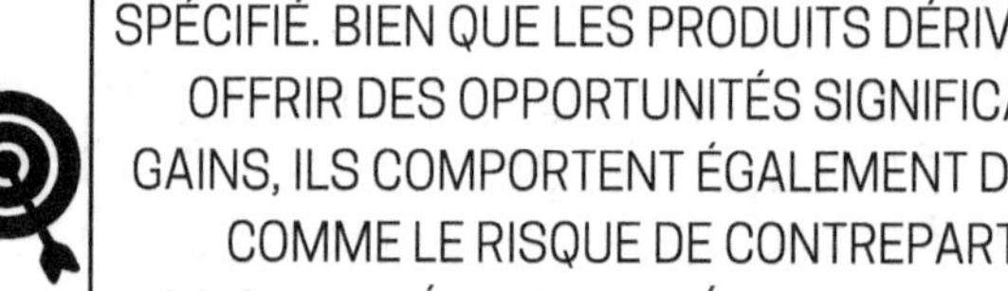
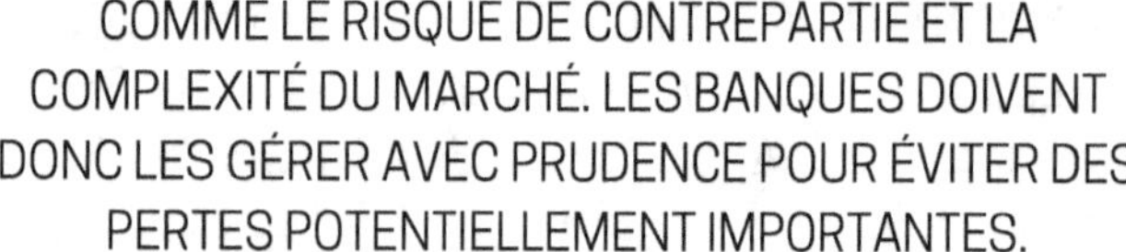

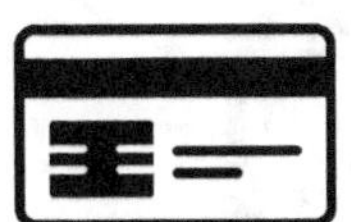

LA BANQUE DE DÉTAIL À LA LOUPE

LA BANQUE DE DÉTAIL, ORIENTÉE VERS LES SERVICES FINANCIERS POUR LES PARTICULIERS, A CONNU UNE ÉVOLUTION SIGNIFICATIVE CES DERNIÈRES ANNÉES. ELLE INCLUT DES SERVICES TRADITIONNELS COMME LES COMPTES COURANTS ET D'ÉPARGNE, LES PRÊTS PERSONNELS, LES CARTES DE CRÉDIT, ET LES HYPOTHÈQUES. AVEC L'ESSOR DU NUMÉRIQUE, LES SERVICES DE BANQUE DE DÉTAIL SE SONT ÉTENDUS AUX PLATEFORMES EN LIGNE ET MOBILES, OFFRANT AUX CLIENTS UNE PLUS GRANDE COMMODITÉ ET ACCESSIBILITÉ. LES BANQUES DE DÉTAIL S'ADAPTENT ÉGALEMENT AUX ATTENTES CHANGEANTES DES CONSOMMATEURS EN PROPOSANT DES PRODUITS PERSONNALISÉS, DES CONSEILS FINANCIERS, ET DES SOLUTIONS INNOVANTES COMME LES PRÊTS INSTANTANÉS OU LES SERVICES DE GESTION DE BUDGET. LA CONCURRENCE DES FINTECHS A POUSSÉ LES BANQUES TRADITIONNELLES À INNOVER DAVANTAGE, EN INTÉGRANT DES TECHNOLOGIES COMME L'INTELLIGENCE ARTIFICIELLE ET LE BIG DATA POUR AMÉLIORER L'EXPÉRIENCE CLIENT ET OPTIMISER LES OPÉRATIONS.

38

L'AVENIR DES AGENCES BANCAIRES

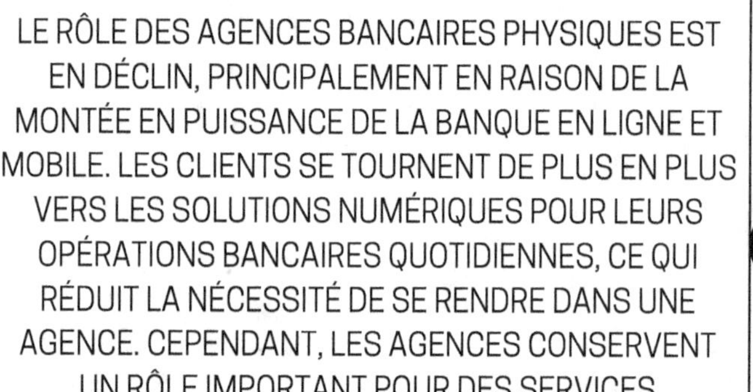

LE RÔLE DES AGENCES BANCAIRES PHYSIQUES EST EN DÉCLIN, PRINCIPALEMENT EN RAISON DE LA MONTÉE EN PUISSANCE DE LA BANQUE EN LIGNE ET MOBILE. LES CLIENTS SE TOURNENT DE PLUS EN PLUS VERS LES SOLUTIONS NUMÉRIQUES POUR LEURS OPÉRATIONS BANCAIRES QUOTIDIENNES, CE QUI RÉDUIT LA NÉCESSITÉ DE SE RENDRE DANS UNE AGENCE. CEPENDANT, LES AGENCES CONSERVENT UN RÔLE IMPORTANT POUR DES SERVICES COMPLEXES OU PERSONNALISÉS, COMME LES CONSEILS EN MATIÈRE DE PRÊTS HYPOTHÉCAIRES OU DE PLANIFICATION FINANCIÈRE. À L'AVENIR, ON PEUT S'ATTENDRE À CE QUE LES AGENCES ÉVOLUENT VERS DES CENTRES DE CONSEIL, OFFRANT UNE EXPERTISE SPÉCIALISÉE ET DES SERVICES À VALEUR AJOUTÉE. DE PLUS, LES BANQUES EXPÉRIMENTENT DES FORMATS D'AGENCE INNOVANTS, COMME DES ESPACES SANS CAISSE OU DES POP-UP STORES, POUR S'ADAPTER AUX BESOINS CHANGEANTS DES CLIENTS.

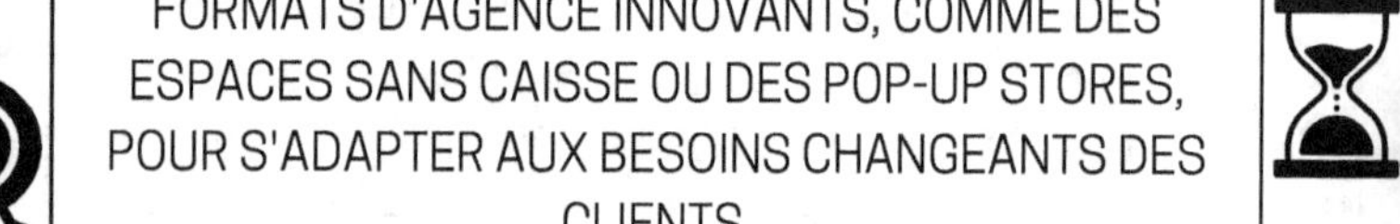

39

SANCTIONS ÉCONOMIQUES ET BANQUES

LES SANCTIONS ÉCONOMIQUES, IMPOSÉES PAR DES GOUVERNEMENTS OU DES ORGANISATIONS INTERNATIONALES, ONT UN IMPACT CONSIDÉRABLE SUR LES BANQUES. ELLES PEUVENT PRENDRE LA FORME DE RESTRICTIONS COMMERCIALES, D'EMBARGOS SUR CERTAINS PAYS, OU DE GEL DES ACTIFS DE CERTAINS INDIVIDUS OU ENTITÉS. LES BANQUES DOIVENT SE CONFORMER STRICTEMENT À CES SANCTIONS, CE QUI IMPLIQUE DE METTRE EN PLACE DES SYSTÈMES DE CONTRÔLE RIGOUREUX POUR SURVEILLER LES TRANSACTIONS ET ÉVITER TOUTE VIOLATION. LE NON-RESPECT DES SANCTIONS PEUT ENTRAÎNER DES AMENDES IMPORTANTES ET NUIRE À LA RÉPUTATION DE LA BANQUE. EN OUTRE, LES SANCTIONS PEUVENT AFFECTER LES OPÉRATIONS INTERNATIONALES DES BANQUES, EN LIMITANT LEUR CAPACITÉ À MENER DES AFFAIRES DANS CERTAINES RÉGIONS OU AVEC CERTAINES ENTITÉS. LA GESTION DE LA CONFORMITÉ AUX SANCTIONS EST DONC UN ASPECT CRUCIAL DE LA GOUVERNANCE ET DU RISQUE POUR LES INSTITUTIONS FINANCIÈRES.

40

FINANCEMENT D'INFRASTRUCTURES

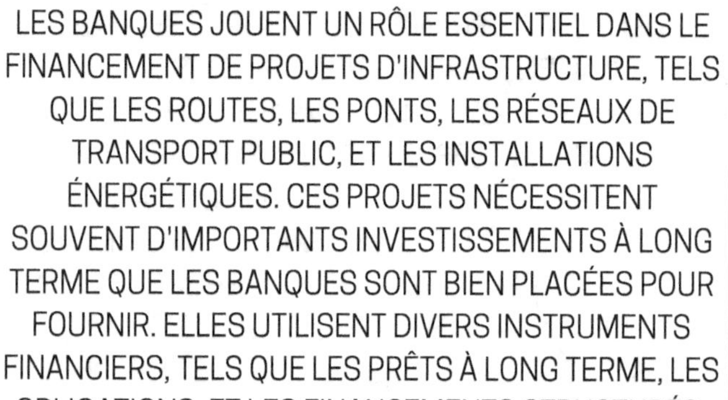

LES BANQUES JOUENT UN RÔLE ESSENTIEL DANS LE FINANCEMENT DE PROJETS D'INFRASTRUCTURE, TELS QUE LES ROUTES, LES PONTS, LES RÉSEAUX DE TRANSPORT PUBLIC, ET LES INSTALLATIONS ÉNERGÉTIQUES. CES PROJETS NÉCESSITENT SOUVENT D'IMPORTANTS INVESTISSEMENTS À LONG TERME QUE LES BANQUES SONT BIEN PLACÉES POUR FOURNIR. ELLES UTILISENT DIVERS INSTRUMENTS FINANCIERS, TELS QUE LES PRÊTS À LONG TERME, LES OBLIGATIONS, ET LES FINANCEMENTS STRUCTURÉS, POUR SOUTENIR CES PROJETS. EN FINANÇANT L'INFRASTRUCTURE, LES BANQUES CONTRIBUENT AU DÉVELOPPEMENT ÉCONOMIQUE ET SOCIAL, CAR DE BONNES INFRASTRUCTURES SONT CRUCIALES POUR LA CROISSANCE ÉCONOMIQUE, L'AMÉLIORATION DE LA QUALITÉ DE VIE, ET LA COMPÉTITIVITÉ DES RÉGIONS. LE FINANCEMENT DE CES PROJETS IMPLIQUE CEPENDANT DES RISQUES CONSIDÉRABLES, NOTAMMENT EN TERMES DE DURÉE DU PROJET ET DE RETOUR SUR INVESTISSEMENT, NÉCESSITANT UNE ÉVALUATION APPROFONDIE ET UNE GESTION RIGOUREUSE DES RISQUES.

41

ÉTHIQUE ET SECTEUR BANCAIRE

L'ÉTHIQUE DANS LE SECTEUR BANCAIRE EST DE PLUS EN PLUS MISE EN AVANT, NOTAMMENT EN RAISON DE SCANDALES FINANCIERS PASSÉS QUI ONT ÉRODÉ LA CONFIANCE PUBLIQUE. LES BANQUES ADOPTENT DES PRINCIPES ÉTHIQUES POUR GUIDER LEURS OPÉRATIONS ET DÉCISIONS, VISANT À PROMOUVOIR L'INTÉGRITÉ, LA TRANSPARENCE ET LA RESPONSABILITÉ. CELA INCLUT DES PRATIQUES ÉQUITABLES ENVERS LES CLIENTS, LA PRÉVENTION DE LA FRAUDE, ET LE RESPECT DES LOIS ET RÉGLEMENTATIONS. DE NOMBREUSES BANQUES METTENT ÉGALEMENT EN ŒUVRE DES INITIATIVES DE FINANCE DURABLE ET RESPONSABLE, RECONNAISSANT LEUR RÔLE DANS LE SOUTIEN À DES PROJETS SOCIALEMENT ET ÉCOLOGIQUEMENT RESPONSABLES. L'ACCENT MIS SUR L'ÉTHIQUE AIDE NON SEULEMENT À RESTAURER LA CONFIANCE DES CLIENTS ET DES INVESTISSEURS, MAIS FAVORISE ÉGALEMENT UN ENVIRONNEMENT FINANCIER STABLE ET DURABLE.

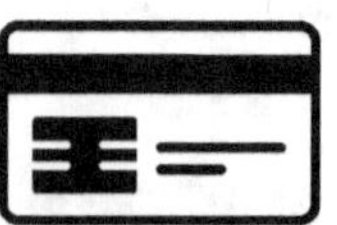

42

PARTENARIATS BANQUES–FINTECHS

LES PARTENARIATS ENTRE LES BANQUES ET LES FINTECHS (TECHNOLOGIES FINANCIÈRES) REPRÉSENTENT UNE TENDANCE CROISSANTE DANS LE SECTEUR FINANCIER. CES COLLABORATIONS PERMETTENT AUX BANQUES D'ACCÉDER À DES TECHNOLOGIES INNOVANTES ET À DES MODÈLES D'AFFAIRES AGILES, AMÉLIORANT AINSI LEUR OFFRE DE SERVICES ET LEUR EFFICACITÉ OPÉRATIONNELLE. POUR LES FINTECHS, CES PARTENARIATS OFFRENT UNE OPPORTUNITÉ D'ÉLARGIR LEUR PORTÉE ET D'ACCÉDER À DES RESSOURCES ET À UNE EXPERTISE FINANCIÈRE PLUS IMPORTANTES. ENSEMBLE, BANQUES ET FINTECHS DÉVELOPPENT DES SOLUTIONS DANS DES DOMAINES TELS QUE LES PAIEMENTS NUMÉRIQUES, LA GESTION DE LA RELATION CLIENT, LA SÉCURITÉ DES DONNÉES, ET L'AUTOMATISATION DES PROCESSUS. CES COLLABORATIONS SONT BÉNÉFIQUES POUR LES CONSOMMATEURS, QUI PROFITENT DE SERVICES FINANCIERS PLUS RAPIDES, PLUS PRATIQUES ET SOUVENT MOINS COÛTEUX. LES PARTENARIATS ENTRE BANQUES ET FINTECHS SONT DONC UN MOTEUR CLÉ DE L'INNOVATION DANS LE SECTEUR FINANCIER.

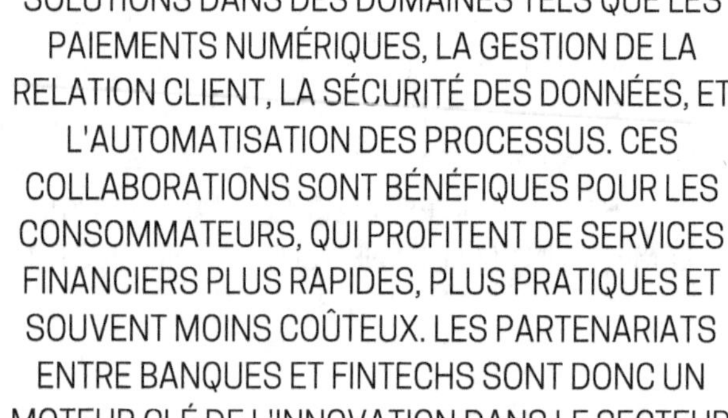

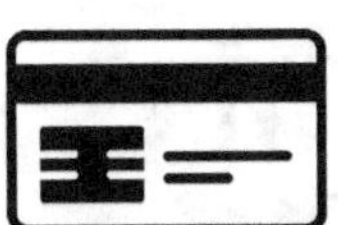

43

L'IMPORTANCE DE LA LITTÉRATIE FINANCIÈRE

LA LITTÉRATIE FINANCIÈRE, LA CAPACITÉ À COMPRENDRE ET À UTILISER EFFICACEMENT DIVERS PRODUITS ET CONCEPTS FINANCIERS, EST ESSENTIELLE POUR LA PRISE DE DÉCISIONS FINANCIÈRES ÉCLAIRÉES. UNE BONNE LITTÉRATIE FINANCIÈRE PERMET AUX INDIVIDUS DE GÉRER LEURS FINANCES PERSONNELLES DE MANIÈRE PLUS EFFICACE, DE PLANIFIER POUR L'AVENIR, ET D'ÉVITER LES PIÈGES TELS QUE L'ENDETTEMENT EXCESSIF OU LES INVESTISSEMENTS RISQUÉS. LES BANQUES ET AUTRES INSTITUTIONS FINANCIÈRES JOUENT UN RÔLE CRUCIAL DANS L'AMÉLIORATION DE LA LITTÉRATIE FINANCIÈRE EN OFFRANT DES RESSOURCES ÉDUCATIVES, DES ATELIERS, ET DES CONSEILS PERSONNALISÉS. UNE POPULATION BIEN INFORMÉE SUR LES QUESTIONS FINANCIÈRES CONTRIBUE ÉGALEMENT À LA STABILITÉ ET À LA SANTÉ DE L'ÉCONOMIE GLOBALE, CAR ELLE EST MIEUX ÉQUIPÉE POUR RÉPONDRE AUX DÉFIS ÉCONOMIQUES ET À GÉRER LES RISQUES FINANCIERS.

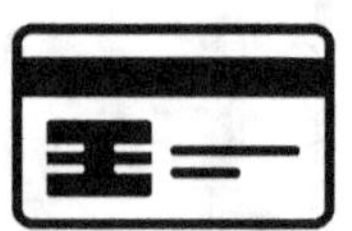

44

BANQUES ET ÉCONOMIE CIRCULAIRE

DANS UNE ÉCONOMIE CIRCULAIRE, LES RESSOURCES SONT UTILISÉES DE MANIÈRE PLUS DURABLE, MINIMISANT LES DÉCHETS ET MAXIMISANT LA RÉUTILISATION ET LE RECYCLAGE. LES BANQUES JOUENT UN RÔLE CLÉ DANS LA PROMOTION DE CE MODÈLE ÉCONOMIQUE EN FINANÇANT DES ENTREPRISES ET DES PROJETS QUI ADOPTENT DES PRATIQUES CIRCULAIRES. ELLES PEUVENT SOUTENIR L'INNOVATION DANS LES TECHNOLOGIES VERTES, LE DÉVELOPPEMENT D'INFRASTRUCTURES DURABLES, ET LES ENTREPRISES QUI ADOPTENT DES MODÈLES D'AFFAIRES ÉCO-RESPONSABLES. LES BANQUES PEUVENT ÉGALEMENT INTÉGRER DES CRITÈRES DE DURABILITÉ DANS LEURS DÉCISIONS DE PRÊT ET D'INVESTISSEMENT, FAVORISANT AINSI UNE TRANSITION VERS DES PRATIQUES COMMERCIALES PLUS DURABLES. EN SOUTENANT L'ÉCONOMIE CIRCULAIRE, LES BANQUES CONTRIBUENT NON SEULEMENT À LA PROTECTION DE L'ENVIRONNEMENT, MAIS AUSSI À LA CRÉATION DE NOUVELLES OPPORTUNITÉS ÉCONOMIQUES ET À L'ENCOURAGEMENT D'UN DÉVELOPPEMENT DURABLE.

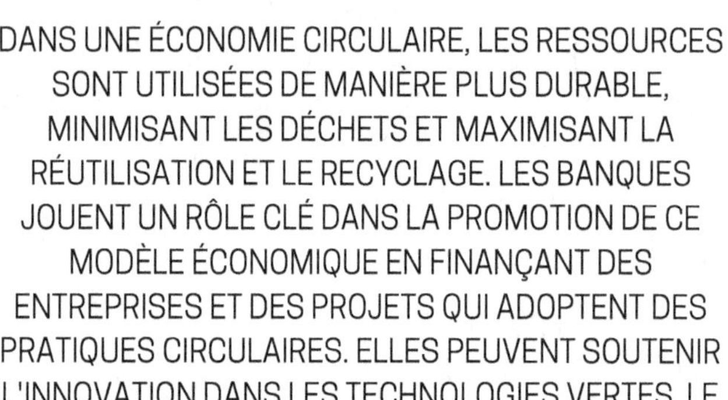

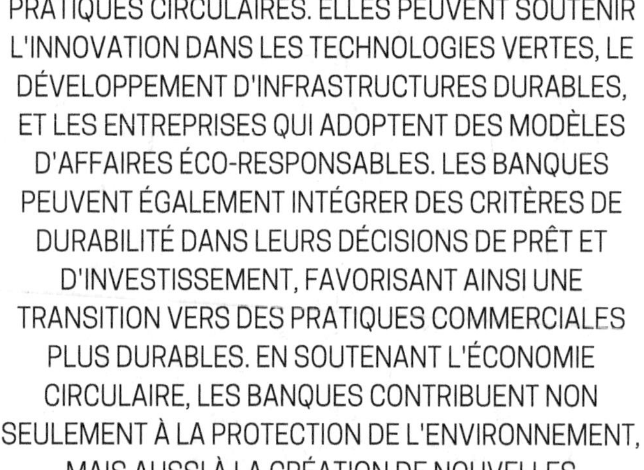

45

PRÊTS ÉTUDIANTS

LES PRÊTS ÉTUDIANTS SONT UN OUTIL CRUCIAL POUR PERMETTRE L'ACCÈS À L'ENSEIGNEMENT SUPÉRIEUR, EN PARTICULIER POUR LES ÉTUDIANTS ISSUS DE MILIEUX MOINS FAVORISÉS. EN FOURNISSANT LES FONDS NÉCESSAIRES POUR COUVRIR LES FRAIS DE SCOLARITÉ ET AUTRES DÉPENSES LIÉES À L'ÉDUCATION, ILS OUVRENT LA PORTE À DE MEILLEURES OPPORTUNITÉS DE CARRIÈRE ET À UN POTENTIEL DE REVENUS PLUS ÉLEVÉ. CEPENDANT, L'ENDETTEMENT ÉTUDIANT PEUT AUSSI AVOIR DES IMPACTS NÉGATIFS, NOTAMMENT UN FARDEAU FINANCIER À LONG TERME POUR LES DIPLÔMÉS, DES RETARDS DANS L'ATTEINTE DE JALONS FINANCIERS TELS QUE L'ACHAT D'UNE MAISON OU L'ÉPARGNE-RETRAITE. LES BANQUES, EN TANT QUE FOURNISSEURS DE PRÊTS ÉTUDIANTS, ONT LA RESPONSABILITÉ DE S'ASSURER QUE LES EMPRUNTEURS COMPRENNENT PLEINEMENT LES TERMES DE LEURS PRÊTS ET LES IMPLICATIONS FINANCIÈRES À LONG TERME. UNE APPROCHE ÉQUILIBRÉE EN MATIÈRE DE PRÊTS ÉTUDIANTS EST ESSENTIELLE POUR SOUTENIR L'ÉDUCATION ET LE DÉVELOPPEMENT DES COMPÉTENCES TOUT EN ÉVITANT UNE DETTE EXCESSIVE DES JEUNES ADULTES.

46

LE CRÉDIT-BAIL ET FINANCEMENT

LE CRÉDIT-BAIL ET LE FINANCEMENT PAR EMPRUNT SONT DEUX MÉTHODES CLÉS UTILISÉES PAR LES ENTREPRISES ET LES PARTICULIERS POUR ACQUÉRIR DES ACTIFS. LE CRÉDIT-BAIL EST UN ACCORD DANS LEQUEL UN BAILLEUR PERMET À UN LOCATAIRE D'UTILISER UN ACTIF POUR UNE PÉRIODE DÉTERMINÉE EN ÉCHANGE DE PAIEMENTS RÉGULIERS. À LA FIN DU CONTRAT DE CRÉDIT-BAIL, LE LOCATAIRE PEUT SOUVENT CHOISIR D'ACHETER L'ACTIF À UN PRIX RÉSIDUEL OU DE RESTITUER L'ACTIF. EN REVANCHE, LE FINANCEMENT PAR EMPRUNT IMPLIQUE D'OBTENIR UN PRÊT, SOUVENT EN UTILISANT L'ACTIF COMME GARANTIE, POUR ACHETER L'ACTIF IMMÉDIATEMENT. LE CRÉDIT-BAIL EST GÉNÉRALEMENT UTILISÉ POUR DES ÉQUIPEMENTS COÛTEUX DANS LES ENTREPRISES, TANDIS QUE LE FINANCEMENT PAR EMPRUNT EST COURAMMENT UTILISÉ POUR DES ACHATS COMME DES BIENS IMMOBILIERS. CHAQUE MÉTHODE A SES AVANTAGES ET INCONVÉNIENTS, COMME LES IMPLICATIONS FISCALES ET LA FLEXIBILITÉ, QUI DOIVENT ÊTRE SOIGNEUSEMENT ÉVALUÉES EN FONCTION DES BESOINS SPÉCIFIQUES DE L'ACHETEUR.

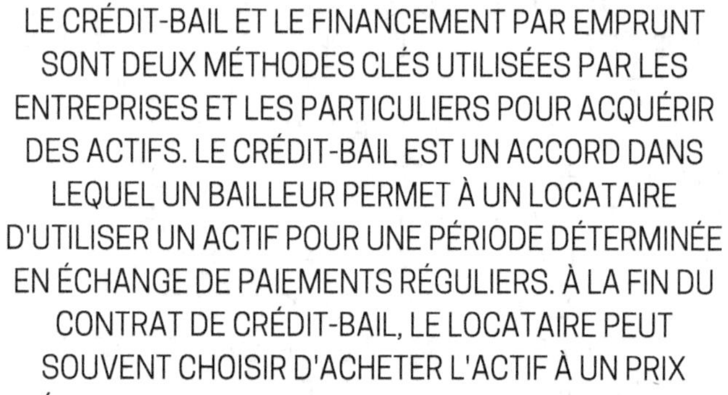
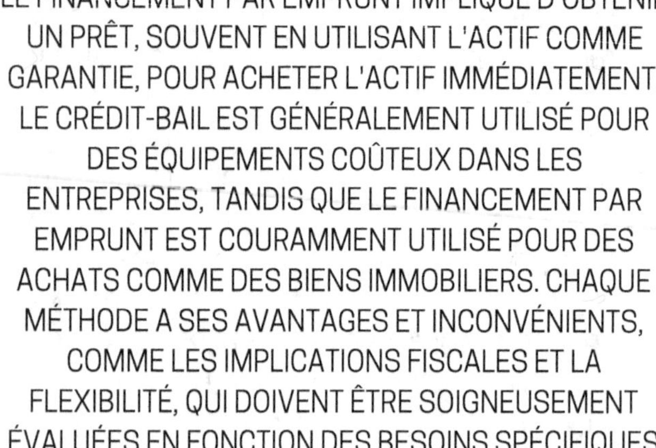

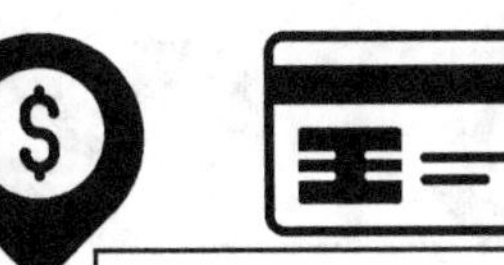

INCLUSION FINANCIÈRE

L'INCLUSION FINANCIÈRE DÉSIGNE L'ACCÈS ÉQUITABLE ET ABORDABLE AUX SERVICES FINANCIERS POUR TOUS LES INDIVIDUS ET ENTREPRISES, QUEL QUE SOIT LEUR STATUT ÉCONOMIQUE. ELLE EST CRUCIALE POUR RÉDUIRE LA PAUVRETÉ ET STIMULER LE DÉVELOPPEMENT ÉCONOMIQUE. L'INCLUSION FINANCIÈRE PERMET AUX PERSONNES DÉFAVORISÉES D'ÉPARGNER, D'INVESTIR DANS L'ÉDUCATION OU LA SANTÉ, DE DÉMARRER ET DE DÉVELOPPER DES ENTREPRISES, DE GÉRER LES RISQUES ET LES CHOCS FINANCIERS, ET DE PARTICIPER PLEINEMENT À L'ÉCONOMIE. LES BANQUES ET AUTRES INSTITUTIONS FINANCIÈRES JOUENT UN RÔLE MAJEUR DANS LA PROMOTION DE L'INCLUSION FINANCIÈRE EN DÉVELOPPANT DES PRODUITS ET SERVICES ADAPTÉS, COMME LES MICROCRÉDITS, LES COMPTES D'ÉPARGNE À FAIBLE COÛT, ET LES SOLUTIONS DE PAIEMENT MOBILES. AVEC L'AVÈNEMENT DES TECHNOLOGIES NUMÉRIQUES, IL Y A DES OPPORTUNITÉS CROISSANTES D'ÉTENDRE L'ACCÈS AUX SERVICES FINANCIERS À DES POPULATIONS JUSQUE-LÀ NON BANCARISÉES.

48

BANQUES ET FINANCE DURABLE

LA FINANCE DURABLE, QUI VISE À INTÉGRER DES CONSIDÉRATIONS ENVIRONNEMENTALES, SOCIALES ET DE GOUVERNANCE (ESG) DANS LES DÉCISIONS D'INVESTISSEMENT ET DE PRÊT, GAGNE EN IMPORTANCE DANS LE SECTEUR BANCAIRE. LES BANQUES JOUENT UN RÔLE CLÉ DANS LA TRANSITION VERS UNE ÉCONOMIE PLUS DURABLE EN FINANÇANT DES PROJETS ET DES ENTREPRISES QUI FAVORISENT LA DURABILITÉ ENVIRONNEMENTALE, COMME LES ÉNERGIES RENOUVELABLES ET LES INFRASTRUCTURES VERTES. ELLES ADOPTENT ÉGALEMENT DES CRITÈRES ESG DANS LEURS PROCESSUS DE PRÊT, RÉDUISANT AINSI LEUR EXPOSITION AUX RISQUES LIÉS AU CHANGEMENT CLIMATIQUE ET AUX PRATIQUES COMMERCIALES NON DURABLES. DE PLUS, DE NOMBREUSES BANQUES S'ENGAGENT ELLES-MÊMES DANS DES PRATIQUES DURABLES, EN RÉDUISANT LEUR EMPREINTE CARBONE ET EN PROMOUVANT UNE GOUVERNANCE D'ENTREPRISE RESPONSABLE. EN SOUTENANT LA FINANCE DURABLE, LES BANQUES PEUVENT NON SEULEMENT RÉDUIRE LES RISQUES ET SAISIR DE NOUVELLES OPPORTUNITÉS, MAIS AUSSI RÉPONDRE AUX ATTENTES CROISSANTES DES CONSOMMATEURS, DES INVESTISSEURS ET DES RÉGULATEURS EN MATIÈRE DE RESPONSABILITÉ ENVIRONNEMENTALE ET SOCIALE.

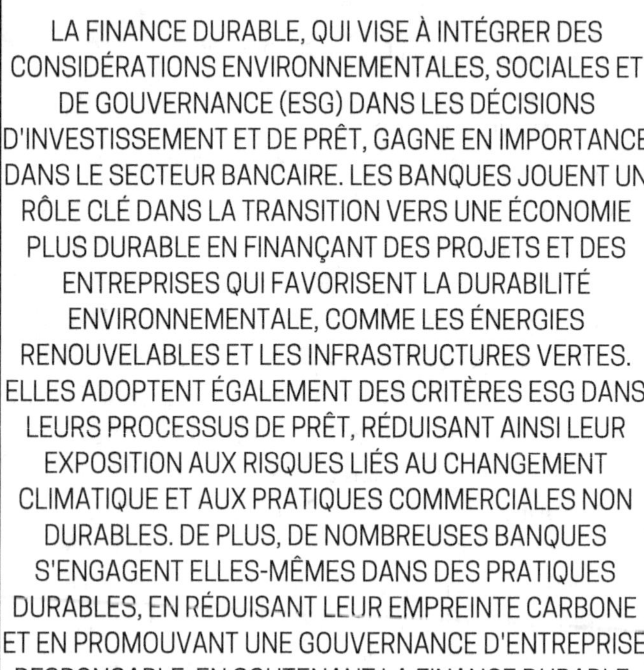

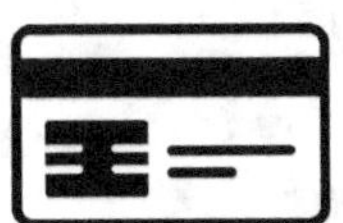

49

SYSTÈMES BANCAIRES À TRAVERS LE MONDE

LES SYSTÈMES BANCAIRES VARIENT CONSIDÉRABLEMENT D'UN PAYS À L'AUTRE, REFLÉTANT DES DIFFÉRENCES HISTORIQUES, ÉCONOMIQUES ET RÉGLEMENTAIRES. DANS DES PAYS COMME LES ÉTATS-UNIS, LE SYSTÈME BANCAIRE EST CARACTÉRISÉ PAR UNE COMBINAISON DE GRANDES BANQUES NATIONALES ET DE NOMBREUSES PETITES BANQUES LOCALES OU RÉGIONALES. EN EUROPE, CERTAINS PAYS, COMME L'ALLEMAGNE, ONT UN FORT SECTEUR DE BANQUES COOPÉRATIVES ET D'ÉPARGNE, TANDIS QUE D'AUTRES, COMME LE ROYAUME-UNI, SONT DOMINÉS PAR QUELQUES GRANDES BANQUES COMMERCIALES. LES SYSTÈMES BANCAIRES DANS LES PAYS EN DÉVELOPPEMENT PEUVENT ÊTRE MOINS DÉVELOPPÉS, AVEC UN ACCÈS LIMITÉ AUX SERVICES BANCAIRES TRADITIONNELS, MAIS CONNAISSENT SOUVENT UNE CROISSANCE RAPIDE DES TECHNOLOGIES FINANCIÈRES, COMME LES PAIEMENTS MOBILES. CHAQUE SYSTÈME A SES PROPRES FORCES ET DÉFIS, INFLUENCÉS PAR DES FACTEURS TELS QUE LA RÉGLEMENTATION GOUVERNEMENTALE, LA CONCURRENCE DU MARCHÉ, ET LES NIVEAUX D'INCLUSION FINANCIÈRE.

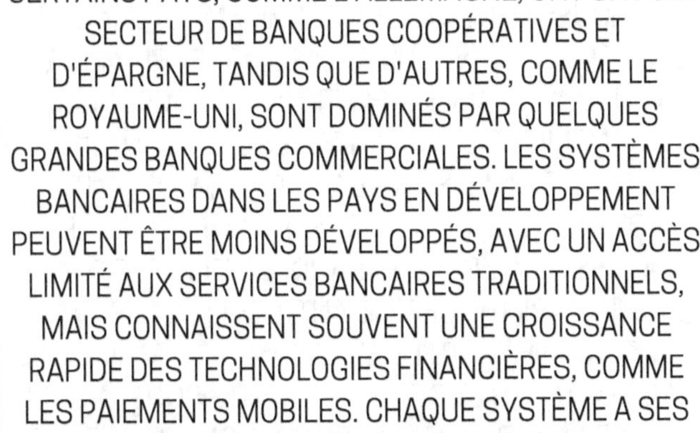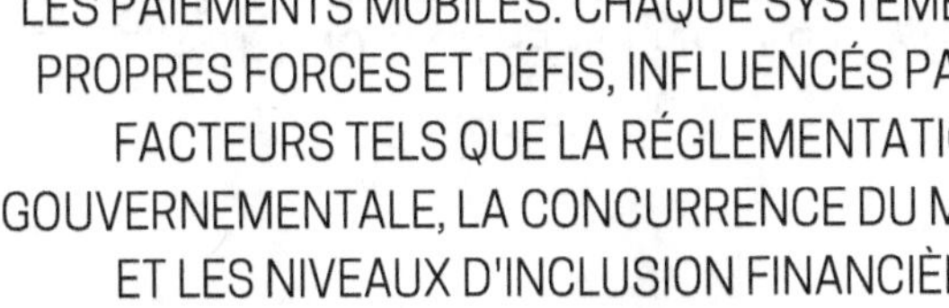

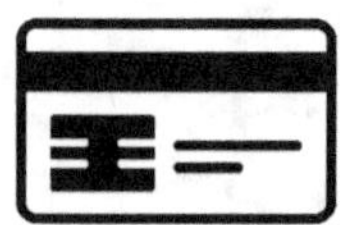

50

GÉRER LES TAUX D'INTÉRÊT NÉGATIFS

LES TAUX D'INTÉRÊT NÉGATIFS, UNE POLITIQUE MONÉTAIRE RELATIVEMENT NOUVELLE, SURVIENNENT LORSQUE LES BANQUES CENTRALES FIXENT LEURS TAUX DIRECTEURS EN DESSOUS DE ZÉRO. CELA SIGNIFIE QUE LES BANQUES DOIVENT PAYER POUR DÉPOSER DES FONDS AUPRÈS DE LA BANQUE CENTRALE, UNE MESURE DESTINÉE À ENCOURAGER LES PRÊTS ET STIMULER L'ÉCONOMIE. CETTE POLITIQUE A ÉTÉ ADOPTÉE PAR PLUSIEURS BANQUES CENTRALES, NOTAMMENT LA BANQUE CENTRALE EUROPÉENNE ET LA BANQUE DU JAPON, EN RÉPONSE À LA FAIBLE INFLATION ET À LA CROISSANCE ÉCONOMIQUE STAGNANTE. LES TAUX D'INTÉRÊT NÉGATIFS ONT DES IMPLICATIONS IMPORTANTES POUR LES BANQUES : ILS PEUVENT RÉDUIRE LES MARGES D'INTÉRÊT DES BANQUES ET AFFECTER LA RENTABILITÉ. CEPENDANT, LES EFFETS SUR L'ÉCONOMIE GLOBALE ET LE COMPORTEMENT DES EMPRUNTEURS ET DES ÉPARGNANTS SONT ENCORE SUJETS À DÉBAT PARMI LES ÉCONOMISTES ET LES DÉCIDEURS.

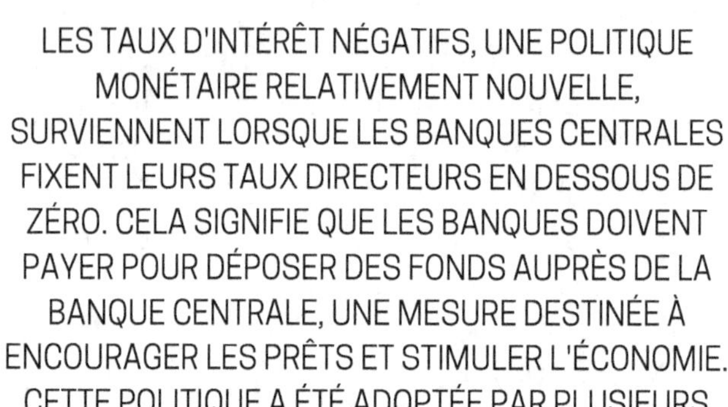

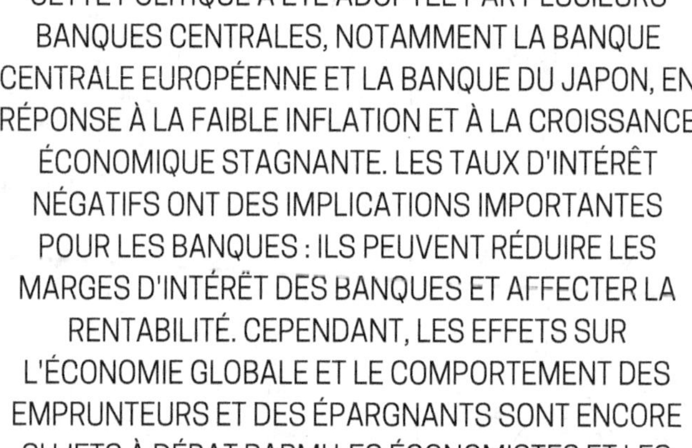

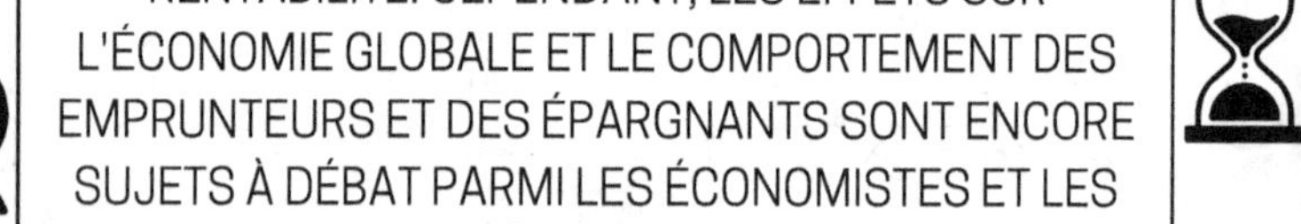

51

LA TITRISATION DANS LE SECTEUR FINANCIER

LA TITRISATION EST UN PROCESSUS PAR LEQUEL DES ACTIFS FINANCIERS, TELS QUE DES PRÊTS OU DES CRÉANCES, SONT REGROUPÉS ET CONVERTIS EN TITRES NÉGOCIABLES. CES TITRES SONT ENSUITE VENDUS À DES INVESTISSEURS. LA TITRISATION PERMET AUX BANQUES DE CONVERTIR DES ACTIFS ILLIQUIDES EN LIQUIDITÉS, RÉDUISANT AINSI LE RISQUE DE CRÉDIT ET AMÉLIORANT L'EFFICACITÉ DU BILAN. LES ACTIFS COURAMMENT TITRISÉS COMPRENNENT LES PRÊTS HYPOTHÉCAIRES, LES PRÊTS AUTOMOBILES, ET LES CARTES DE CRÉDIT. LA TITRISATION A JOUÉ UN RÔLE MAJEUR DANS LE DÉVELOPPEMENT DES MARCHÉS FINANCIERS EN FOURNISSANT AUX INVESTISSEURS L'ACCÈS À UNE NOUVELLE CLASSE D'ACTIFS ET EN RÉPARTISSANT LE RISQUE DE CRÉDIT. CEPENDANT, COMME LE MONTRE LA CRISE FINANCIÈRE DE 2008, LA TITRISATION PEUT AUSSI CONTRIBUER À L'ACCUMULATION DE RISQUES FINANCIERS SI ELLE N'EST PAS CORRECTEMENT GÉRÉE ET RÉGLEMENTÉE, EN RAISON DE LA COMPLEXITÉ ET DU MANQUE DE TRANSPARENCE DE CERTAINS PRODUITS STRUCTURÉS.

52

CYBERSÉCURITÉ

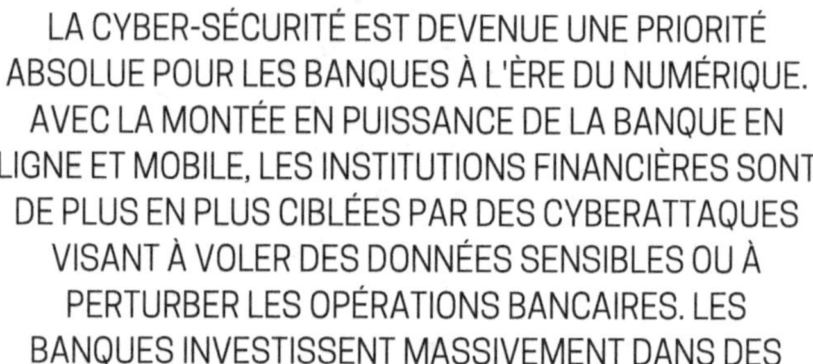

LA CYBER-SÉCURITÉ EST DEVENUE UNE PRIORITÉ ABSOLUE POUR LES BANQUES À L'ÈRE DU NUMÉRIQUE. AVEC LA MONTÉE EN PUISSANCE DE LA BANQUE EN LIGNE ET MOBILE, LES INSTITUTIONS FINANCIÈRES SONT DE PLUS EN PLUS CIBLÉES PAR DES CYBERATTAQUES VISANT À VOLER DES DONNÉES SENSIBLES OU À PERTURBER LES OPÉRATIONS BANCAIRES. LES BANQUES INVESTISSENT MASSIVEMENT DANS DES TECHNOLOGIES DE SÉCURITÉ AVANCÉES, COMME LE CRYPTAGE DES DONNÉES, L'AUTHENTIFICATION MULTI-FACTEURS, ET L'INTELLIGENCE ARTIFICIELLE POUR DÉTECTER ET PRÉVENIR LES MENACES EN TEMPS RÉEL. ELLES ORGANISENT ÉGALEMENT DES FORMATIONS RÉGULIÈRES POUR LEUR PERSONNEL ET SENSIBILISENT LEURS CLIENTS AUX MEILLEURES PRATIQUES DE SÉCURITÉ EN LIGNE. LA COLLABORATION AVEC LES AUTORITÉS NATIONALES ET INTERNATIONALES DE RÉGULATION ET DE SURVEILLANCE EST ÉGALEMENT CRUCIALE POUR CONTRER LES MENACES DE CYBER-SÉCURITÉ. LA PROTECTION CONTRE LES CYBERATTAQUES EST ESSENTIELLE NON SEULEMENT POUR LA SÉCURITÉ FINANCIÈRE DES CLIENTS, MAIS AUSSI POUR MAINTENIR LA CONFIANCE DANS LE SYSTÈME FINANCIER GLOBAL.

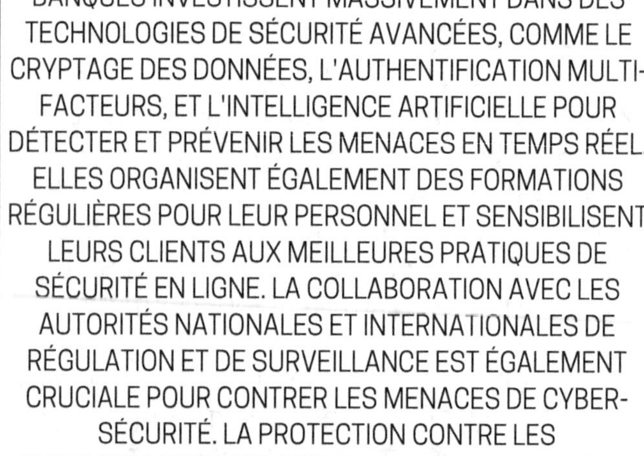

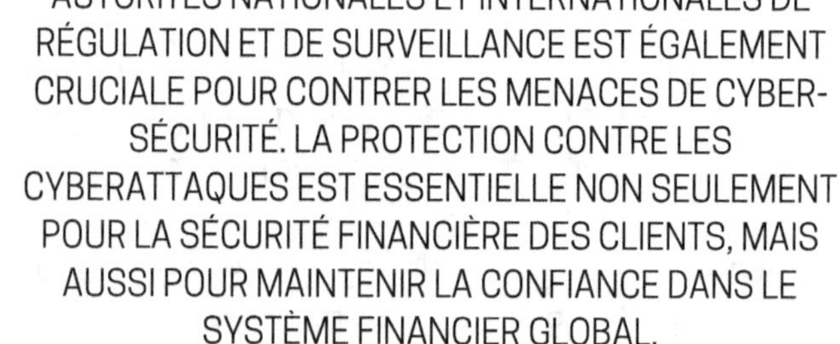

53

LES PRÊTS SYNDIQUÉS EN DÉTAIL

LES PRÊTS SYNDIQUÉS SONT DES PRÊTS FOURNIS PAR UN GROUPE DE PRÊTEURS ET SONT GÉNÉRALEMENT UTILISÉS POUR FINANCER DE GRANDS PROJETS OU DES ACQUISITIONS D'ENTREPRISE. DANS UN PRÊT SYNDIQUÉ, UNE BANQUE LEADER, OU AGENT, ORGANISE LE PRÊT ET INVITE D'AUTRES INSTITUTIONS FINANCIÈRES À PARTICIPER. CE FORMAT PERMET DE RÉPARTIR LE RISQUE ENTRE PLUSIEURS PRÊTEURS ET DE LEVER DES MONTANTS IMPORTANTS QUI SERAIENT DIFFICILES À OBTENIR POUR UNE SEULE BANQUE. LES PRÊTS SYNDIQUÉS SONT ATTRAYANTS POUR LES EMPRUNTEURS EN RAISON DE LEUR CAPACITÉ À FOURNIR DE GROS MONTANTS DE CAPITAUX AVEC DES STRUCTURES DE FINANCEMENT FLEXIBLES. ILS SONT COURAMMENT UTILISÉS DANS LES TRANSACTIONS DE FUSION ET ACQUISITION, LES FINANCEMENTS DE PROJETS D'INFRASTRUCTURE, ET POUR LES ENTREPRISES NÉCESSITANT UN FINANCEMENT À GRANDE ÉCHELLE.

TRADING ALGORITHMIQUE EN BANQUE

LE TRADING ALGORITHMIQUE, L'UTILISATION DE PROGRAMMES INFORMATIQUES POUR EXÉCUTER DES ORDRES DE BOURSE SELON DES CRITÈRES PRÉDÉFINIS, EST DEVENU UN ÉLÉMENT ESSENTIEL DES OPÉRATIONS BANCAIRES. CES ALGORITHMES PEUVENT ANALYSER DE GRANDES QUANTITÉS DE DONNÉES DE MARCHÉ ET EXÉCUTER DES TRANSACTIONS À UNE VITESSE ET UNE PRÉCISION INACCESSIBLES AUX TRADERS HUMAINS. LES BANQUES UTILISENT LE TRADING ALGORITHMIQUE POUR DIVERSES STRATÉGIES, COMME LA PASSATION D'ORDRES À GRANDE ÉCHELLE, L'ARBITRAGE, OU LA GESTION DE RISQUES. BIEN QUE LE TRADING ALGORITHMIQUE OFFRE DES AVANTAGES EN TERMES D'EFFICACITÉ ET DE RÉDUCTION DES COÛTS, IL POSE ÉGALEMENT DES DÉFIS, NOTAMMENT EN TERMES DE GESTION DES RISQUES ET DE CONFORMITÉ RÉGLEMENTAIRE. LA DÉPENDANCE CROISSANTE AUX SYSTÈMES ALGORITHMIQUES SOULÈVE DES QUESTIONS SUR LA STABILITÉ DU MARCHÉ, LA TRANSPARENCE DES TRANSACTIONS, ET LA PROTECTION CONTRE LES ANOMALIES DU MARCHÉ.

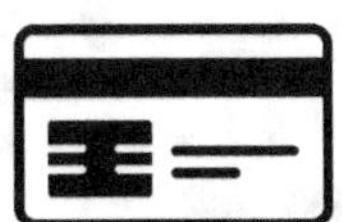

55

HISTOIRE DES GRANDES FAILLITES BANCAIRES

LES FUSIONS BANCAIRES ONT JOUÉ UN RÔLE SIGNIFICATIF DANS LA FORMATION DU PAYSAGE BANCAIRE MODERNE. HISTORIQUEMENT, CES FUSIONS ONT ÉTÉ MOTIVÉES PAR LA NÉCESSITÉ DE RENFORCER LA STABILITÉ FINANCIÈRE, D'ACCROÎTRE LA COMPÉTITIVITÉ, OU DE RÉPONDRE À DES CRISES ÉCONOMIQUES. UN EXEMPLE CÉLÈBRE EST LA FUSION DE 2008 ENTRE WELLS FARGO ET WACHOVIA, SURVENUE PENDANT LA CRISE FINANCIÈRE MONDIALE, QUI A CRÉÉ L'UNE DES PLUS GRANDES BANQUES DES ÉTATS-UNIS. EN EUROPE, LA FUSION EN 1999 ENTRE LES BANQUES ALLEMANDES BAYERISCHE VEREINSBANK ET BAYERISCHE HYPOTHEKEN- UND WECHSEL-BANK A FORMÉ HYPOVEREINSBANK, L'UNE DES PLUS GRANDES BANQUES D'ALLEMAGNE. CES FUSIONS PEUVENT APPORTER DES AVANTAGES, COMME UNE MEILLEURE EFFICACITÉ OPÉRATIONNELLE ET UNE PLUS GRANDE DIVERSIFICATION DES RISQUES, MAIS ELLES NÉCESSITENT ÉGALEMENT UNE GESTION PRUDENTE POUR INTÉGRER AVEC SUCCÈS LES DIFFÉRENTES CULTURES ET SYSTÈMES DES BANQUES FUSIONNÉES.

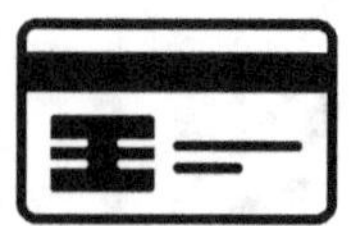

56

FINANCEMENT DES PME PAR LES BANQUES

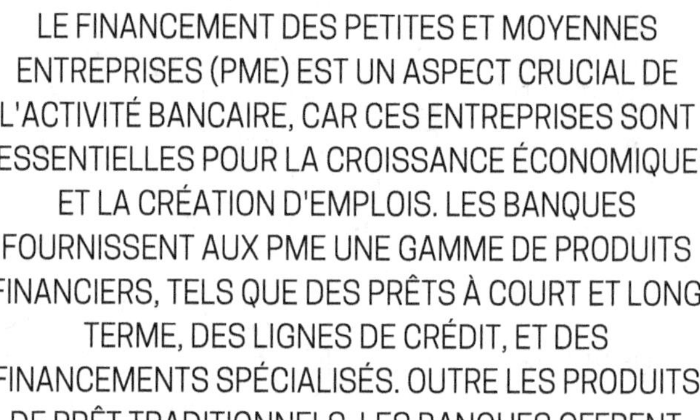

LE FINANCEMENT DES PETITES ET MOYENNES ENTREPRISES (PME) EST UN ASPECT CRUCIAL DE L'ACTIVITÉ BANCAIRE, CAR CES ENTREPRISES SONT ESSENTIELLES POUR LA CROISSANCE ÉCONOMIQUE ET LA CRÉATION D'EMPLOIS. LES BANQUES FOURNISSENT AUX PME UNE GAMME DE PRODUITS FINANCIERS, TELS QUE DES PRÊTS À COURT ET LONG TERME, DES LIGNES DE CRÉDIT, ET DES FINANCEMENTS SPÉCIALISÉS. OUTRE LES PRODUITS DE PRÊT TRADITIONNELS, LES BANQUES OFFRENT SOUVENT DES SERVICES DE CONSEIL POUR AIDER LES PME À GÉRER LEURS FINANCES ET À PLANIFIER LEUR CROISSANCE. CEPENDANT, LE FINANCEMENT DES PME COMPORTE DES DÉFIS, NOTAMMENT EN TERMES D'ÉVALUATION DES RISQUES, CAR LES PME PEUVENT AVOIR UN HISTORIQUE DE CRÉDIT LIMITÉ OU UNE VOLATILITÉ DES REVENUS. POUR SURMONTER CES DÉFIS, CERTAINES BANQUES DÉVELOPPENT DES MODÈLES DE SCORING INNOVANTS OU COLLABORENT AVEC DES GARANTIES DE CRÉDIT GOUVERNEMENTALES.

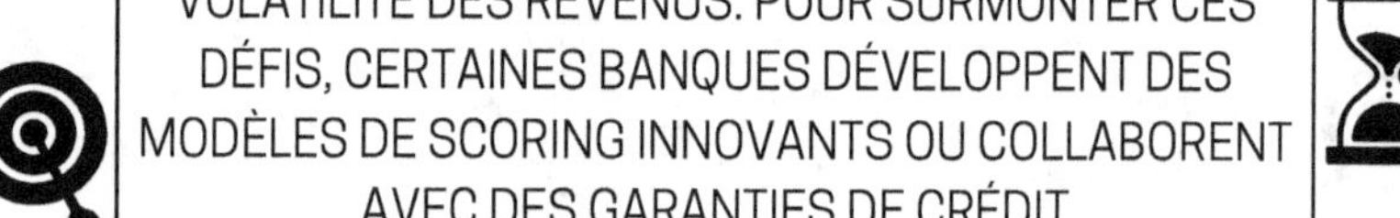

57

EXPERTISE EN FUSIONS ET ACQUISITIONS

LE CONSEIL EN FUSIONS ET ACQUISITIONS (F&A) EST UN SERVICE ESSENTIEL FOURNI PAR LES BANQUES D'INVESTISSEMENT. CE SERVICE COMPREND L'ASSISTANCE DANS LA STRUCTURATION, LA NÉGOCIATION ET LA FINALISATION DES TRANSACTIONS DE FUSION ET D'ACQUISITION. LES CONSEILLERS EN F&A AIDENT LEURS CLIENTS À ÉVALUER LES CIBLES POTENTIELLES, À DÉTERMINER LA VALORISATION APPROPRIÉE, À STRUCTURER L'ACCORD, ET À NÉGOCIER LES TERMES. ILS JOUENT ÉGALEMENT UN RÔLE DANS LA RECHERCHE DE FINANCEMENT POUR LES ACQUISITIONS ET PEUVENT AIDER À NAVIGUER DANS LES COMPLEXITÉS RÉGLEMENTAIRES ET JURIDIQUES DES TRANSACTIONS TRANSFRONTALIÈRES. L'EXPERTISE DES CONSEILLERS EN F&A EST CRUCIALE POUR ASSURER QUE LES TRANSACTIONS SOIENT BÉNÉFIQUES POUR LES PARTIES CONCERNÉES ET QU'ELLES S'ALIGNENT AVEC LES OBJECTIFS STRATÉGIQUES À LONG TERME DE L'ENTREPRISE.

58

POLITIQUES DE DIVIDENDES DES BANQUES

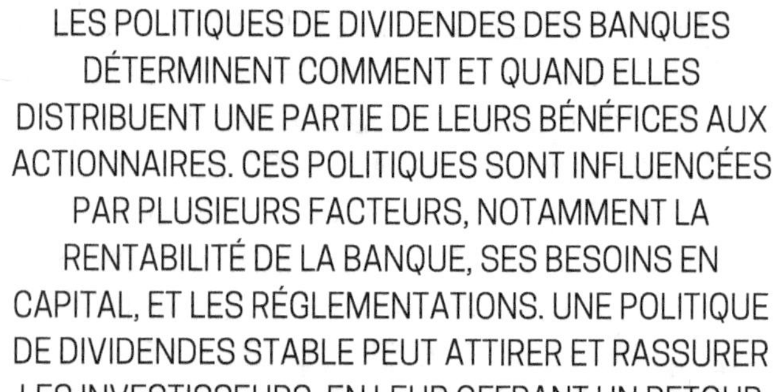

LES POLITIQUES DE DIVIDENDES DES BANQUES DÉTERMINENT COMMENT ET QUAND ELLES DISTRIBUENT UNE PARTIE DE LEURS BÉNÉFICES AUX ACTIONNAIRES. CES POLITIQUES SONT INFLUENCÉES PAR PLUSIEURS FACTEURS, NOTAMMENT LA RENTABILITÉ DE LA BANQUE, SES BESOINS EN CAPITAL, ET LES RÉGLEMENTATIONS. UNE POLITIQUE DE DIVIDENDES STABLE PEUT ATTIRER ET RASSURER LES INVESTISSEURS, EN LEUR OFFRANT UN RETOUR RÉGULIER SUR LEUR INVESTISSEMENT. CEPENDANT, LES BANQUES DOIVENT ÉQUILIBRER LE PAIEMENT DE DIVIDENDES AVEC LA NÉCESSITÉ DE CONSERVER SUFFISAMMENT DE CAPITAL POUR SOUTENIR LEUR CROISSANCE ET FAIRE FACE À D'ÉVENTUELLES PERTES. LES RÉGULATEURS BANCAIRES PEUVENT ÉGALEMENT IMPOSER DES RESTRICTIONS SUR LES DIVIDENDES, PARTICULIÈREMENT PENDANT LES PÉRIODES DE CRISE FINANCIÈRE, POUR ASSURER QUE LES BANQUES MAINTIENNENT DES NIVEAUX ADÉQUATS DE CAPITAL.

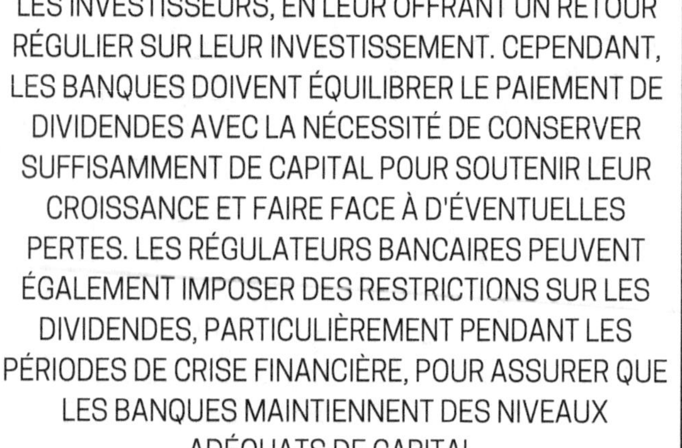

59

FINANCEMENT DU SECTEUR DE L'ÉNERGIE

LE FINANCEMENT DU SECTEUR DE L'ÉNERGIE EST UN DOMAINE COMPLEXE ET CRUCIAL POUR LES BANQUES. IL ENGLOBE LE FINANCEMENT DE PROJETS DANS LES ÉNERGIES TRADITIONNELLES (COMME LE PÉTROLE ET LE GAZ) ET LES ÉNERGIES RENOUVELABLES (TELLES QUE L'ÉOLIEN, LE SOLAIRE, ET L'HYDROÉLECTRIQUE). LES BANQUES FOURNISSENT DES CAPITAUX NÉCESSAIRES POUR LE DÉVELOPPEMENT, L'EXPANSION ET LA MODERNISATION DES INFRASTRUCTURES ÉNERGÉTIQUES. CEPENDANT, LE FINANCEMENT DE L'ÉNERGIE EST SOUMIS À DES CONSIDÉRATIONS ENVIRONNEMENTALES ET POLITIQUES CROISSANTES. LES BANQUES SONT DE PLUS EN PLUS CONSCIENTES DE L'IMPACT ENVIRONNEMENTAL DE LEURS INVESTISSEMENTS ET S'ORIENTENT VERS LE FINANCEMENT DE PROJETS D'ÉNERGIE RENOUVELABLE, EN RÉPONSE AUX PRÉOCCUPATIONS CONCERNANT LE CHANGEMENT CLIMATIQUE ET LA DURABILITÉ.

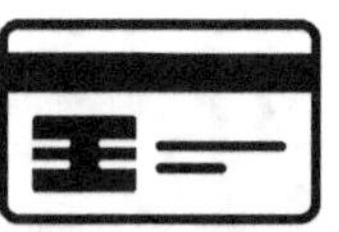

DIGITALISATION

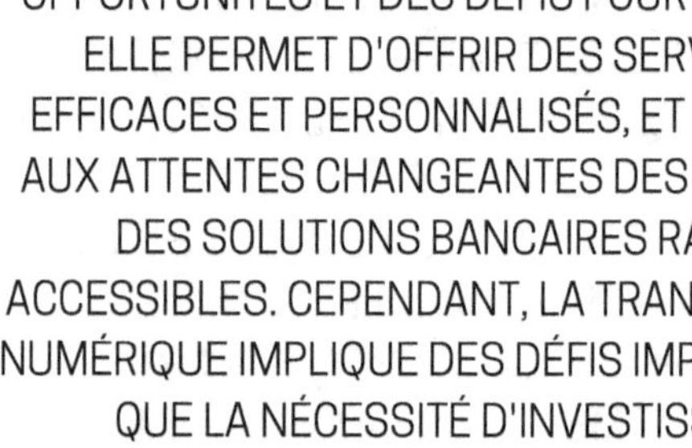

LA DIGITALISATION PRÉSENTE À LA FOIS DES OPPORTUNITÉS ET DES DÉFIS POUR LES BANQUES. ELLE PERMET D'OFFRIR DES SERVICES PLUS EFFICACES ET PERSONNALISÉS, ET DE RÉPONDRE AUX ATTENTES CHANGEANTES DES CLIENTS POUR DES SOLUTIONS BANCAIRES RAPIDES ET ACCESSIBLES. CEPENDANT, LA TRANSITION VERS LE NUMÉRIQUE IMPLIQUE DES DÉFIS IMPORTANTS, TELS QUE LA NÉCESSITÉ D'INVESTISSEMENTS SUBSTANTIELS DANS LES TECHNOLOGIES, LA GESTION DE LA SÉCURITÉ DES DONNÉES ET DE LA CYBER-SÉCURITÉ, ET LA FORMATION DU PERSONNEL. LES BANQUES DOIVENT ÉGALEMENT FAIRE FACE À UNE CONCURRENCE ACCRUE DES FINTECHS, QUI OFFRENT SOUVENT DES SERVICES NUMÉRIQUES INNOVANTS. POUR RESTER COMPÉTITIVES, LES BANQUES DOIVENT NON SEULEMENT ADOPTER DES TECHNOLOGIES AVANCÉES MAIS AUSSI TRANSFORMER LEUR CULTURE ORGANISATIONNELLE ET LEURS MODÈLES OPÉRATIONNELS POUR S'ADAPTER À L'ENVIRONNEMENT NUMÉRIQUE EN RAPIDE ÉVOLUTION.

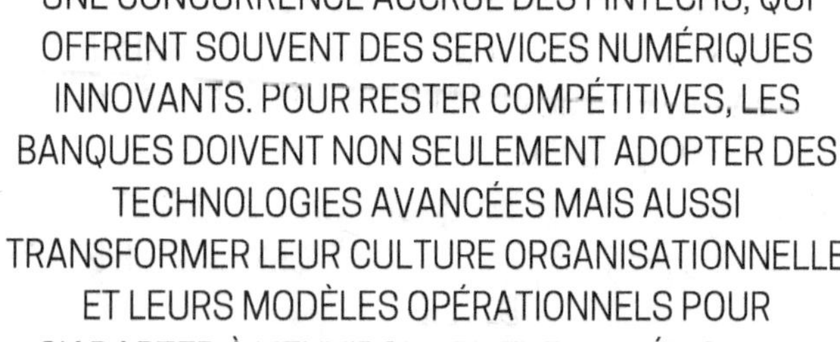

61

ACTEURS DU DÉVELOPPEMENT ÉCONOMIQUE

LES BANQUES JOUENT UN RÔLE CRUCIAL DANS LE DÉVELOPPEMENT ÉCONOMIQUE EN FOURNISSANT DES CAPITAUX ESSENTIELS POUR LES INVESTISSEMENTS, LE COMMERCE ET LA CONSOMMATION. ELLES FACILITENT LES TRANSACTIONS COMMERCIALES, GÈRENT LES DÉPÔTS, ACCORDENT DES CRÉDITS AUX ENTREPRISES ET AUX PARTICULIERS, ET CONTRIBUENT À LA CIRCULATION DE L'ARGENT DANS L'ÉCONOMIE. PAR LEURS ACTIVITÉS DE PRÊT, LES BANQUES PERMETTENT AUX ENTREPRISES D'INVESTIR DANS DE NOUVEAUX PROJETS, D'ÉTENDRE LEURS OPÉRATIONS ET DE CRÉER DES EMPLOIS, STIMULANT AINSI LA CROISSANCE ÉCONOMIQUE. LES BANQUES SOUTIENNENT ÉGALEMENT L'INNOVATION EN FINANÇANT LES STARTUPS ET LES ENTREPRISES TECHNOLOGIQUES. EN OUTRE, PAR LEURS ACTIVITÉS D'INVESTISSEMENT ET DE GESTION DE PATRIMOINE, ELLES AIDENT À CANALISER LES ÉPARGNES VERS DES INVESTISSEMENTS PRODUCTIFS, CONTRIBUANT AINSI À L'ACCUMULATION DE CAPITAL ET À L'AMÉLIORATION DE LA PRODUCTIVITÉ DANS L'ÉCONOMIE.

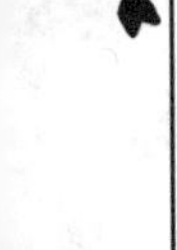

62

LES GARANTIES BANCAIRES EXPLIQUÉES

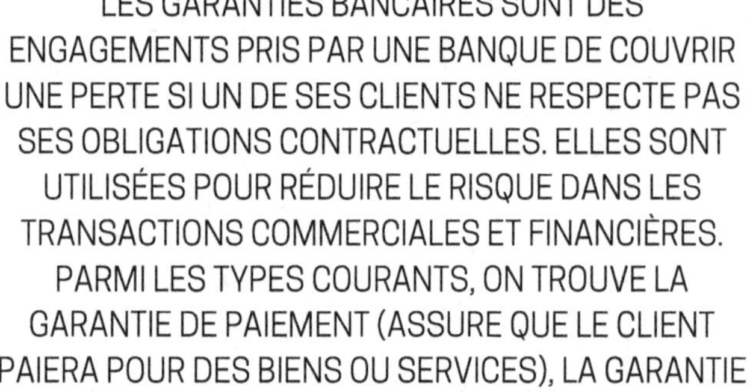

LES GARANTIES BANCAIRES SONT DES ENGAGEMENTS PRIS PAR UNE BANQUE DE COUVRIR UNE PERTE SI UN DE SES CLIENTS NE RESPECTE PAS SES OBLIGATIONS CONTRACTUELLES. ELLES SONT UTILISÉES POUR RÉDUIRE LE RISQUE DANS LES TRANSACTIONS COMMERCIALES ET FINANCIÈRES. PARMI LES TYPES COURANTS, ON TROUVE LA GARANTIE DE PAIEMENT (ASSURE QUE LE CLIENT PAIERA POUR DES BIENS OU SERVICES), LA GARANTIE DE PERFORMANCE (GARANTIT QUE LE CLIENT ACCOMPLIRA UN TRAVAIL OU UN PROJET SELON LES TERMES CONVENUS), ET LA GARANTIE DE REMBOURSEMENT D'AVANCE (COUVRE LES PAIEMENTS AVANCÉS FAITS PAR UN ACHETEUR). LES GARANTIES BANCAIRES SONT PARTICULIÈREMENT IMPORTANTES DANS LE COMMERCE INTERNATIONAL, OÙ ELLES AIDENT À SÉCURISER LES TRANSACTIONS ENTRE PARTIES QUI N'ONT PAS DE RELATIONS COMMERCIALES ÉTABLIES. EN FOURNISSANT CES GARANTIES, LES BANQUES FACILITENT LES AFFAIRES ET LE COMMERCE EN RÉDUISANT LES RISQUES POUR LES VENDEURS ET LES ACHETEURS.

63

BANQUES ET IMMOBILIER COMMERCIAL

LE FINANCEMENT DE L'IMMOBILIER COMMERCIAL EST UNE ACTIVITÉ CLÉ POUR DE NOMBREUSES BANQUES, OFFRANT DES SOLUTIONS DE PRÊT POUR L'ACHAT, LA CONSTRUCTION, OU LA RÉNOVATION DE PROPRIÉTÉS COMMERCIALES TELLES QUE DES BUREAUX, DES CENTRES COMMERCIAUX, DES HÔTELS, ET DES ENTREPÔTS. CES PRÊTS SONT GÉNÉRALEMENT DE GRANDE TAILLE ET À LONG TERME, AVEC DES STRUCTURES DE FINANCEMENT ET DES TAUX D'INTÉRÊT SPÉCIFIQUES ADAPTÉS AU PROJET ET AU RISQUE IMPLIQUÉ. LES BANQUES ÉVALUENT MINUTIEUSEMENT LA VIABILITÉ COMMERCIALE DES PROJETS IMMOBILIERS, LA SOLVABILITÉ DES EMPRUNTEURS, ET LA VALEUR DES BIENS IMMOBILIERS AVANT D'ACCORDER DES FINANCEMENTS. EN PLUS DE FOURNIR DES CAPITAUX, LES BANQUES PEUVENT ÉGALEMENT OFFRIR DES CONSEILS EN MATIÈRE DE DÉVELOPPEMENT IMMOBILIER ET DE GESTION D'ACTIFS. LE FINANCEMENT DE L'IMMOBILIER COMMERCIAL EST ESSENTIEL POUR LE DÉVELOPPEMENT ÉCONOMIQUE, CAR IL SOUTIENT LA CONSTRUCTION ET L'AMÉLIORATION DES INFRASTRUCTURES COMMERCIALES NÉCESSAIRES À LA CROISSANCE DES ENTREPRISES.

64

L'IMPACT DES NORMES DE BÂLE

LES NORMES DE BÂLE, ÉTABLIES PAR LE COMITÉ DE BÂLE SUR LE CONTRÔLE BANCAIRE, SONT UN ENSEMBLE DE RÉGLEMENTATIONS INTERNATIONALES VISANT À RENFORCER LA RÉGULATION, LA SUPERVISION ET LA GESTION DES RISQUES DANS LE SECTEUR BANCAIRE. ELLES IMPOSENT AUX BANQUES DES EXIGENCES EN MATIÈRE DE FONDS PROPRES, DE LIQUIDITÉ ET DE LEVIER FINANCIER. LA MISE EN ŒUVRE DES NORMES DE BÂLE, NOTAMMENT BÂLE II ET BÂLE III, A CONDUIT LES BANQUES À MAINTENIR UN NIVEAU DE CAPITAL PLUS ÉLEVÉ POUR COUVRIR LES RISQUES DE CRÉDIT, DE MARCHÉ ET OPÉRATIONNELS. CES RÉGLEMENTATIONS VISENT À AMÉLIORER LA STABILITÉ FINANCIÈRE DES BANQUES ET À PRÉVENIR LES CRISES FINANCIÈRES COMME CELLE DE 2008. POUR LES BANQUES, CELA SIGNIFIE DES COÛTS DE CONFORMITÉ PLUS ÉLEVÉS ET DES AJUSTEMENTS DANS LEUR STRATÉGIE D'ENTREPRISE ET LEURS OPÉRATIONS, MAIS CONTRIBUE ÉGALEMENT À RENFORCER LA CONFIANCE DES INVESTISSEURS ET DES CLIENTS DANS LE SYSTÈME BANCAIRE.

BANQUES ET MARCHÉS ÉMERGENTS

LES BANQUES JOUENT UN RÔLE VITAL DANS LE DÉVELOPPEMENT DES MARCHÉS ÉMERGENTS, FOURNISSANT LES CAPITAUX ET LES SERVICES FINANCIERS NÉCESSAIRES À LA CROISSANCE ÉCONOMIQUE. DANS CES MARCHÉS, LES BANQUES AIDENT À MOBILISER L'ÉPARGNE POUR LE FINANCEMENT D'INVESTISSEMENTS PRODUCTIFS, OFFRENT DES SERVICES DE CRÉDIT AUX ENTREPRISES ET AUX PARTICULIERS, ET FACILITENT LES TRANSACTIONS COMMERCIALES INTERNATIONALES. ELLES SONT ÉGALEMENT ACTIVES DANS L'INTRODUCTION DE PRODUITS FINANCIERS INNOVANTS ET ADAPTÉS AUX BESOINS SPÉCIFIQUES DES MARCHÉS ÉMERGENTS, COMME LES SERVICES BANCAIRES MOBILES, QUI PEUVENT AIDER À SURMONTER LES DÉFIS D'INFRASTRUCTURE. CEPENDANT, OPÉRER DANS LES MARCHÉS ÉMERGENTS PRÉSENTE DES DÉFIS, TELS QUE DES ENVIRONNEMENTS RÉGLEMENTAIRES ET POLITIQUES INSTABLES, DES RISQUES DE MARCHÉ PLUS ÉLEVÉS, ET DES PROBLÈMES D'INCLUSION FINANCIÈRE. MALGRÉ CES DÉFIS, LES BANQUES QUI RÉUSSISSENT À S'ADAPTER AUX PARTICULARITÉS DES MARCHÉS ÉMERGENTS PEUVENT CONTRIBUER DE MANIÈRE SIGNIFICATIVE AU DÉVELOPPEMENT ÉCONOMIQUE ET SOCIAL DE CES RÉGIONS.

66

LES PRÊTS MEZZANINE DÉCRYPTÉS

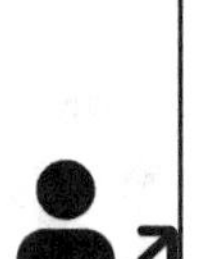

LES PRÊTS MEZZANINE SONT UN TYPE DE FINANCEMENT QUI COMBINE DES ÉLÉMENTS DE DETTE ET DE CAPITAUX PROPRES, SOUVENT UTILISÉ DANS DES TRANSACTIONS DE FINANCEMENT STRUCTURÉ, COMME LES ACQUISITIONS D'ENTREPRISES. ILS SONT SUBORDONNÉS AUX DETTES TRADITIONNELLES, MAIS PRIORITAIRES PAR RAPPORT AUX CAPITAUX PROPRES EN CAS DE LIQUIDATION DE L'ENTREPRISE. LES PRÊTS MEZZANINE SONT ATTRAYANTS POUR LES ENTREPRISES QUI CHERCHENT À FINANCER DES EXPANSIONS OU DES ACQUISITIONS SANS TROP DILUER LA PARTICIPATION DES ACTIONNAIRES EXISTANTS. POUR LES PRÊTEURS, LES PRÊTS MEZZANINE OFFRENT DES TAUX D'INTÉRÊT PLUS ÉLEVÉS EN RAISON DU RISQUE PLUS IMPORTANT, ET PARFOIS INCLUENT DES OPTIONS OU DES WARRANTS QUI PEUVENT ÊTRE CONVERTIS EN ACTIONS. CE TYPE DE FINANCEMENT EST PARTICULIÈREMENT UTILE DANS LES TRANSACTIONS À EFFET DE LEVIER, OFFRANT UNE FLEXIBILITÉ QUI N'EST PAS TOUJOURS POSSIBLE AVEC DES PRÊTS TRADITIONNELS.

GESTION D'ACTIFS PAR LES BANQUES

LA GESTION D'ACTIFS EST UNE FACETTE IMPORTANTE DES SERVICES FINANCIERS FOURNIS PAR LES BANQUES, IMPLIQUANT LA GESTION DES INVESTISSEMENTS POUR LE COMPTE DE CLIENTS INDIVIDUELS, D'ENTREPRISES OU D'AUTRES ENTITÉS. CETTE BRANCHE SE CONCENTRE SUR LA MAXIMISATION DES RETOURS DES PORTEFEUILLES CLIENTS TOUT EN MINIMISANT LES RISQUES, À TRAVERS UNE ALLOCATION D'ACTIFS STRATÉGIQUE ET LA SÉLECTION DE PLACEMENTS. LES SERVICES DE GESTION D'ACTIFS DES BANQUES PEUVENT INCLURE LA GESTION DE FONDS COMMUNS DE PLACEMENT, DE FONDS DE PENSION, DE PORTEFEUILLES DE TITRES, ET D'AUTRES TYPES DE PLACEMENTS. EN OFFRANT CES SERVICES, LES BANQUES AIDENT LES CLIENTS À ATTEINDRE LEURS OBJECTIFS FINANCIERS, TELS QUE LA CROISSANCE DU CAPITAL, LE REVENU DE RETRAITE, OU LA PRÉSERVATION DU PATRIMOINE. AVEC L'ÉVOLUTION DES MARCHÉS FINANCIERS ET LA SOPHISTICATION CROISSANTE DES INVESTISSEURS, LA GESTION D'ACTIFS EST DEVENUE UN DOMAINE HAUTEMENT COMPÉTITIF ET RÉGLEMENTÉ.

68

INFLUENCE DES AGENCES DE NOTATION

LES AGENCES DE NOTATION, TELLES QUE STANDARD & POOR'S, MOODY'S ET FITCH RATINGS, JOUENT UN RÔLE INFLUENT DANS LE SECTEUR BANCAIRE EN ATTRIBUANT DES NOTATIONS DE CRÉDIT AUX BANQUES. CES NOTATIONS ÉVALUENT LA CAPACITÉ ET LA VOLONTÉ D'UNE BANQUE DE REMBOURSER SES DETTES ET DONNENT UNE INDICATION DE SA SANTÉ FINANCIÈRE. UNE NOTE ÉLEVÉE PEUT FACILITER L'ACCÈS DE LA BANQUE AUX MARCHÉS DE CAPITAUX ET RÉDUIRE SES COÛTS D'EMPRUNT, TANDIS QU'UNE NOTE FAIBLE PEUT AUGMENTER SES COÛTS DE FINANCEMENT ET LIMITER SON ACCÈS AU CAPITAL. LES NOTATIONS AFFECTENT ÉGALEMENT LA PERCEPTION DE LA BANQUE PAR LES INVESTISSEURS, LES CLIENTS ET LES RÉGULATEURS. EN RAISON DE LEUR IMPACT, LES BANQUES ACCORDENT UNE GRANDE IMPORTANCE À LA GESTION DE LEUR PROFIL DE CRÉDIT ET À LA COMMUNICATION AVEC LES AGENCES DE NOTATION.

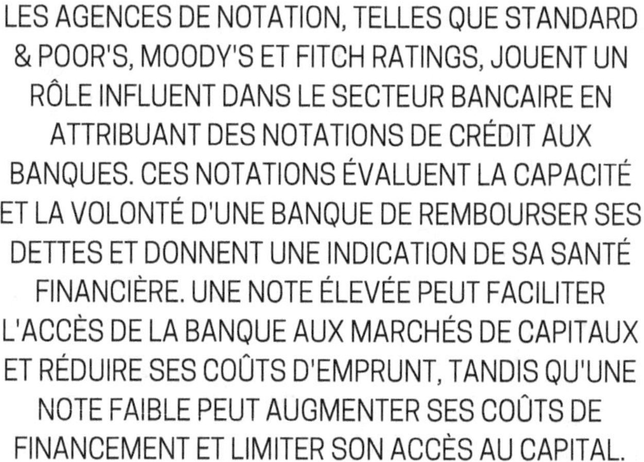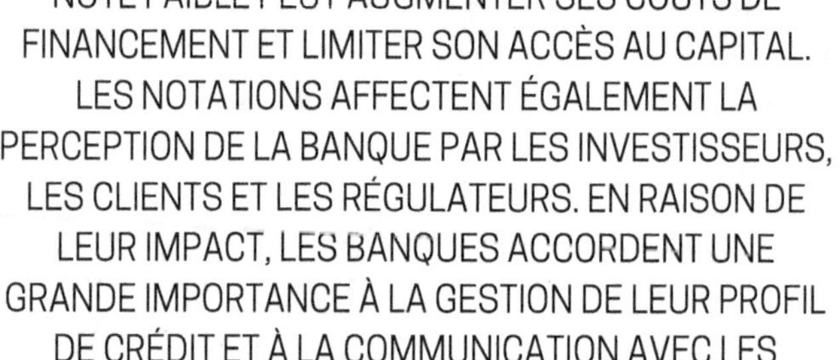

69

FONDS SOUVERAINS ET BANQUES

LES FONDS SOUVERAINS, DES FONDS D'INVESTISSEMENT DÉTENUS PAR DES GOUVERNEMENTS, INTERAGISSENT DE MANIÈRE SIGNIFICATIVE AVEC LES BANQUES À TRAVERS DIVERSES ACTIVITÉS. ILS PLACENT SOUVENT DES CAPITAUX IMPORTANTS DANS LES BANQUES, SOIT EN TANT QU'INVESTISSEMENTS DIRECTS, SOIT EN PARTICIPANT À DES LEVÉES DE FONDS OU EN ACQUÉRANT DES PARTICIPATIONS. PAR AILLEURS, LES FONDS SOUVERAINS UTILISENT LES SERVICES DES BANQUES POUR DIVERSES OPÉRATIONS, TELLES QUE LA GESTION D'ACTIFS, LES CONSEILS EN INVESTISSEMENT ET LES TRANSACTIONS FINANCIÈRES INTERNATIONALES. LES BANQUES PEUVENT ÉGALEMENT AGIR COMME INTERMÉDIAIRES POUR LES INVESTISSEMENTS DES FONDS SOUVERAINS DANS D'AUTRES SECTEURS OU RÉGIONS. LA RELATION ENTRE LES FONDS SOUVERAINS ET LES BANQUES EST MUTUELLEMENT BÉNÉFIQUE : LES BANQUES BÉNÉFICIENT DE CAPITAUX ET DE TRANSACTIONS, TANDIS QUE LES FONDS SOUVERAINS ACCÈDENT À L'EXPERTISE ET AUX RÉSEAUX MONDIAUX DES BANQUES.

70

LES SWAPS DE TAUX D'INTÉRÊT

LES SWAPS DE TAUX D'INTÉRÊT SONT DES CONTRATS FINANCIERS DÉRIVÉS DANS LESQUELS DEUX PARTIES ÉCHANGENT DES FLUX DE TRÉSORERIE BASÉS SUR DES TAUX D'INTÉRÊT DIFFÉRENTS. L'UN DES FLUX EST GÉNÉRALEMENT BASÉ SUR UN TAUX D'INTÉRÊT FIXE, TANDIS QUE L'AUTRE EST LIÉ À UN TAUX D'INTÉRÊT VARIABLE. L'OBJECTIF PRINCIPAL DE CES SWAPS EST DE GÉRER L'EXPOSITION AU RISQUE DE TAUX D'INTÉRÊT. PAR EXEMPLE, UNE ENTREPRISE AYANT UN PRÊT À TAUX VARIABLE PEUT UTILISER UN SWAP POUR ÉCHANGER SES PAIEMENTS DE TAUX VARIABLE CONTRE DES PAIEMENTS DE TAUX FIXE, RÉDUISANT AINSI L'INCERTITUDE LIÉE AUX FLUCTUATIONS DES TAUX D'INTÉRÊT. DE MÊME, UNE ENTREPRISE AVEC UN PRÊT À TAUX FIXE POURRAIT VOULOIR PROFITER DE TAUX VARIABLES PLUS BAS. LES SWAPS DE TAUX D'INTÉRÊT SONT ÉGALEMENT UTILISÉS À DES FINS SPÉCULATIVES OU POUR RÉALISER DES ARBITRAGES SUR LES MARCHÉS FINANCIERS.

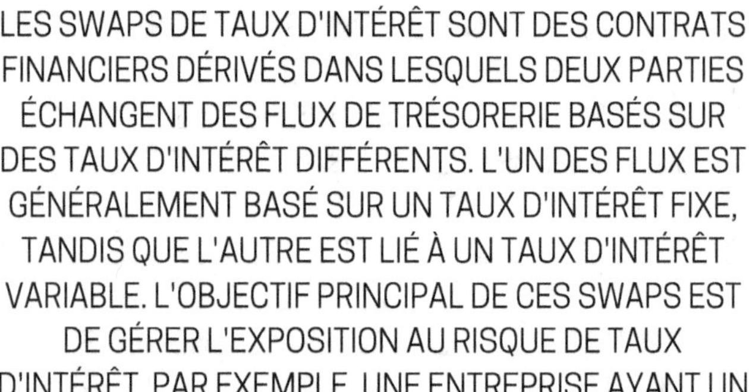

GESTION DES CRISES FINANCIÈRES

LES BANQUES JOUENT UN RÔLE CRUCIAL DANS LA GESTION ET LA PRÉVENTION DES CRISES FINANCIÈRES. PENDANT LES CRISES, LES BANQUES PEUVENT DEVENIR DES CANAUX POUR LES POLITIQUES DE RELANCE, EN AUGMENTANT LE CRÉDIT ET EN SOUTENANT LA LIQUIDITÉ SUR LES MARCHÉS. LES BANQUES CENTRALES, EN PARTICULIER, ONT UN RÔLE MAJEUR À JOUER EN TANT QUE PRÊTEURS DE DERNIER RECOURS, FOURNISSANT DES LIQUIDITÉS D'URGENCE POUR SOUTENIR LES BANQUES EN DIFFICULTÉ ET STABILISER LE SYSTÈME FINANCIER. APRÈS UNE CRISE, LES BANQUES SONT SOUVENT AU CENTRE DES EFFORTS DE RÉFORME RÉGLEMENTAIRE VISANT À RENFORCER LA RÉSILIENCE DU SYSTÈME FINANCIER, COMME L'AUGMENTATION DES EXIGENCES EN MATIÈRE DE FONDS PROPRES ET L'AMÉLIORATION DES PRATIQUES DE GESTION DES RISQUES. LES BANQUES SONT ÉGALEMENT ACTIVES DANS LA RESTRUCTURATION DE LA DETTE DES ENTREPRISES ET DES PARTICULIERS TOUCHÉS PAR LA CRISE, AIDANT À ATTÉNUER LES RÉPERCUSSIONS ÉCONOMIQUES.

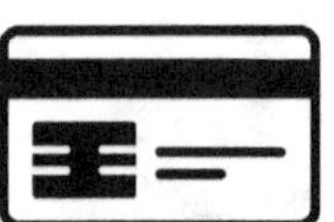

BANQUES ET FINANCEMENT AGRICOLE

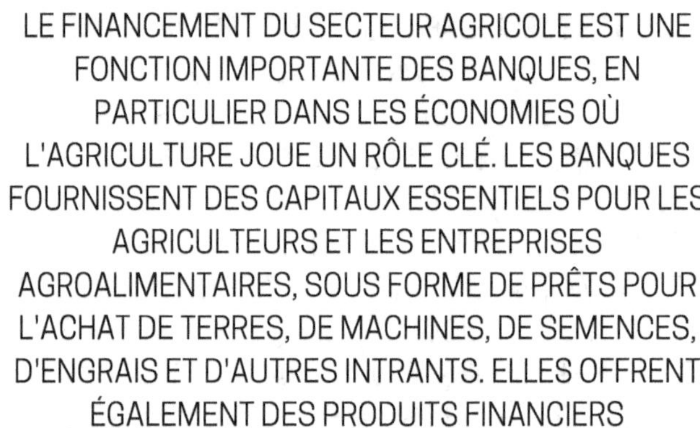

LE FINANCEMENT DU SECTEUR AGRICOLE EST UNE FONCTION IMPORTANTE DES BANQUES, EN PARTICULIER DANS LES ÉCONOMIES OÙ L'AGRICULTURE JOUE UN RÔLE CLÉ. LES BANQUES FOURNISSENT DES CAPITAUX ESSENTIELS POUR LES AGRICULTEURS ET LES ENTREPRISES AGROALIMENTAIRES, SOUS FORME DE PRÊTS POUR L'ACHAT DE TERRES, DE MACHINES, DE SEMENCES, D'ENGRAIS ET D'AUTRES INTRANTS. ELLES OFFRENT ÉGALEMENT DES PRODUITS FINANCIERS SPÉCIALEMENT CONÇUS POUR L'AGRICULTURE, COMME DES PRÊTS SAISONNIERS QUI TIENNENT COMPTE DES CYCLES DE PRODUCTION AGRICOLE. EN PLUS DU FINANCEMENT, LES BANQUES PEUVENT PROPOSER DES CONSEILS EN MATIÈRE DE GESTION DES RISQUES, COMPTE TENU DE LA VOLATILITÉ DES PRIX DES PRODUITS AGRICOLES ET DES RISQUES LIÉS AU CLIMAT. LE SOUTIEN DES BANQUES AU SECTEUR AGRICOLE EST ESSENTIEL NON SEULEMENT POUR LA VIABILITÉ ÉCONOMIQUE DES AGRICULTEURS, MAIS AUSSI POUR LA SÉCURITÉ ALIMENTAIRE ET LE DÉVELOPPEMENT RURAL.

73

ÉVOLUTION DES CARTES DE DÉBIT

L'HISTOIRE DES CARTES DE DÉBIT REMONTE AUX ANNÉES 1960, ÉPOQUE OÙ ELLES ONT ÉTÉ INTRODUITES COMME UNE ALTERNATIVE PRATIQUE AUX CHÈQUES ET À L'ARGENT COMPTANT. INITIALEMENT, CES CARTES ÉTAIENT UTILISÉES POUR RETIRER DE L'ARGENT AUX DISTRIBUTEURS AUTOMATIQUES ET, AU FIL DU TEMPS, LEUR FONCTIONNALITÉ S'EST ÉTENDUE À DES PAIEMENTS DIRECTS CHEZ LES COMMERÇANTS. L'ÉVOLUTION TECHNOLOGIQUE A JOUÉ UN RÔLE MAJEUR DANS LE DÉVELOPPEMENT DES CARTES DE DÉBIT, NOTAMMENT AVEC L'INTRODUCTION DE LA PUCE ÉLECTRONIQUE ET DU CODE PIN POUR RENFORCER LA SÉCURITÉ. AUJOURD'HUI, LES CARTES DE DÉBIT SONT DOTÉES DE FONCTIONNALITÉS AVANCÉES COMME LES PAIEMENTS SANS CONTACT ET SONT INTÉGRÉES AUX SYSTÈMES DE PAIEMENT MOBILE ET EN LIGNE. ELLES SONT DEVENUES UN OUTIL FINANCIER ESSENTIEL POUR DES MILLIONS DE PERSONNES DANS LE MONDE, OFFRANT UNE FACILITÉ D'ACCÈS AUX FONDS ET SIMPLIFIANT LES TRANSACTIONS QUOTIDIENNES.

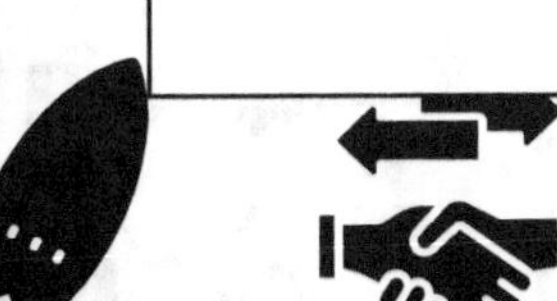

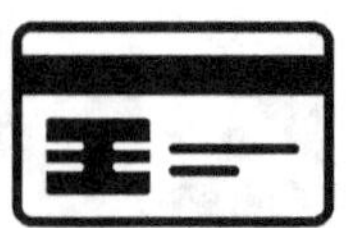

74

NORMES ANTI-CORRUPTION EN BANQUE

LES BANQUES JOUENT UN RÔLE ESSENTIEL DANS LA LUTTE CONTRE LA CORRUPTION GRÂCE À LEUR POSITION UNIQUE DANS LE SYSTÈME FINANCIER. ELLES SONT SOUMISES À DES RÉGLEMENTATIONS STRICTES VISANT À PRÉVENIR LE BLANCHIMENT D'ARGENT ET LE FINANCEMENT DES ACTIVITÉS ILLÉGALES, Y COMPRIS LA CORRUPTION. CES RÉGLEMENTATIONS COMPRENNENT DES EXIGENCES EN MATIÈRE DE CONNAISSANCE DU CLIENT (KYC), DE SURVEILLANCE DES TRANSACTIONS ET DE SIGNALEMENT DES ACTIVITÉS SUSPECTES. LES BANQUES METTENT EN ŒUVRE DES POLITIQUES INTERNES DE CONFORMITÉ ET DES PROGRAMMES DE FORMATION POUR LEUR PERSONNEL AFIN DE S'ASSURER QUE CES NORMES SOIENT RESPECTÉES. EN IDENTIFIANT ET EN SIGNALANT LES TRANSACTIONS SUSPECTES, LES BANQUES JOUENT UN RÔLE CRUCIAL DANS LA DÉTECTION ET LA PRÉVENTION DES FLUX FINANCIERS ILLICITES LIÉS À LA CORRUPTION.

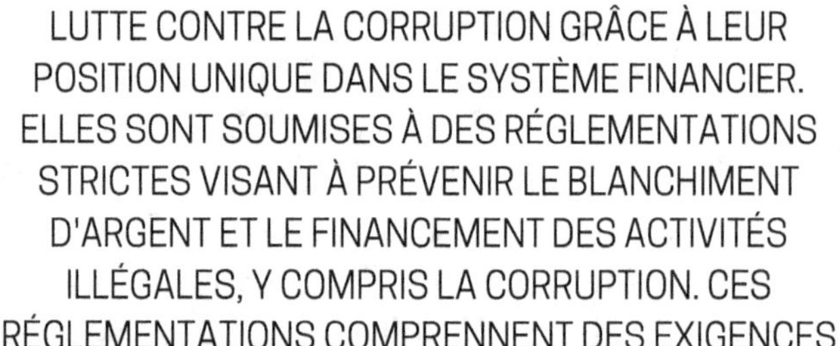

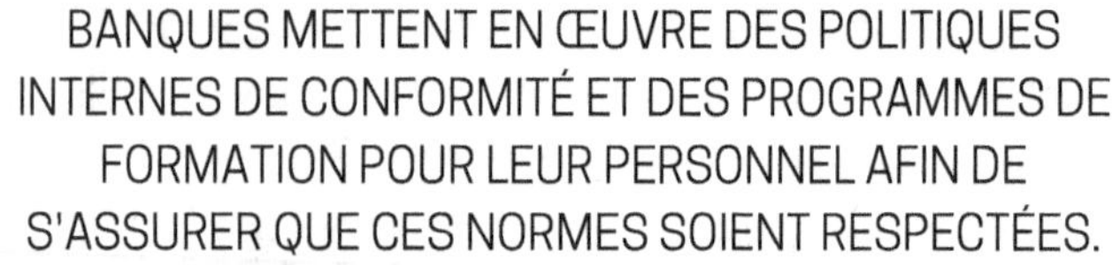

75

BANQUES ET SECTEUR DE LA SANTÉ

LE FINANCEMENT DU SECTEUR DE LA SANTÉ EST UNE AUTRE FONCTION IMPORTANTE DES BANQUES, SURTOUT COMPTE TENU DE L'IMPORTANCE CROISSANTE DE CE SECTEUR DANS L'ÉCONOMIE MONDIALE. LES BANQUES FOURNISSENT DES FONDS NÉCESSAIRES POUR LA RECHERCHE ET LE DÉVELOPPEMENT DANS LE DOMAINE DE LA SANTÉ, L'EXPANSION DES INFRASTRUCTURES MÉDICALES, ET L'ACQUISITION DE TECHNOLOGIES ET D'ÉQUIPEMENTS DE POINTE. ELLES OFFRENT DES SOLUTIONS DE FINANCEMENT SPÉCIFIQUES, TELLES QUE DES PRÊTS À LONG TERME ET DES CRÉDITS-BAILS, ADAPTÉES AUX BESOINS UNIQUES DES HÔPITAUX, DES CLINIQUES, DES LABORATOIRES DE RECHERCHE ET DES ENTREPRISES PHARMACEUTIQUES. EN OUTRE, LES BANQUES D'INVESTISSEMENT JOUENT UN RÔLE DANS LA FACILITATION DES FUSIONS ET ACQUISITIONS DANS LE SECTEUR DE LA SANTÉ, AINSI QUE DANS LA MOBILISATION DE CAPITAUX PAR LE BIAIS D'OFFRES PUBLIQUES INITIALES ET D'ÉMISSIONS D'OBLIGATIONS. LE SOUTIEN FINANCIER DES BANQUES EST ESSENTIEL POUR LE DÉVELOPPEMENT ET L'INNOVATION CONTINUS DANS LE SECTEUR DE LA SANTÉ, CONTRIBUANT AINSI À L'AMÉLIORATION GLOBALE DES SOINS DE SANTÉ ET À L'ACCÈS AUX SERVICES MÉDICAUX.

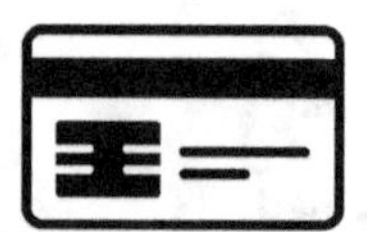

FINTECHS

L'ÉMERGENCE DES FINTECHS A CONSIDÉRABLEMENT IMPACTÉ LE SECTEUR BANCAIRE TRADITIONNEL. CES START-UPS TECHNOLOGIQUES OFFRENT DES SERVICES FINANCIERS INNOVANTS, SOUVENT À TRAVERS DES PLATEFORMES NUMÉRIQUES, DÉFIANT LES MODÈLES OPÉRATIONNELS ET COMMERCIAUX DES BANQUES TRADITIONNELLES. LES FINTECHS SE DISTINGUENT PAR LEUR CAPACITÉ À FOURNIR DES SERVICES RAPIDES, ACCESSIBLES ET SOUVENT MOINS COÛTEUX, DANS DES DOMAINES TELS QUE LES PAIEMENTS EN LIGNE, LE PRÊT ENTRE PARTICULIERS, LA GESTION DE PATRIMOINE, ET MÊME LES ASSURANCES. CELA A POUSSÉ LES BANQUES TRADITIONNELLES À ACCÉLÉRER LEUR PROPRE TRANSFORMATION NUMÉRIQUE, À AMÉLIORER LEUR EFFICACITÉ OPÉRATIONNELLE, ET À REPENSER LEUR RELATION CLIENT. LA CONCURRENCE DES FINTECHS STIMULE L'INNOVATION DANS LE SECTEUR, BÉNÉFICIANT FINALEMENT AUX CONSOMMATEURS GRÂCE À UN PLUS GRAND CHOIX ET DE MEILLEURES EXPÉRIENCES DE SERVICES FINANCIERS.

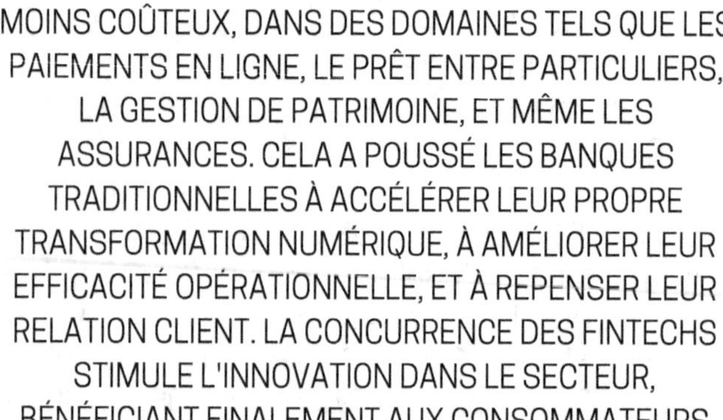

DÉVELOPPEMENT DURABLE

LE FINANCEMENT DU DÉVELOPPEMENT DURABLE EST DEVENU UNE PRIORITÉ POUR LES BANQUES DANS LE CONTEXTE DE LA PRISE DE CONSCIENCE CROISSANTE DES ENJEUX ENVIRONNEMENTAUX ET SOCIAUX. LES BANQUES JOUENT UN RÔLE CLÉ EN ORIENTANT LES CAPITAUX VERS DES PROJETS ET DES ENTREPRISES QUI SOUTIENNENT LES OBJECTIFS DE DÉVELOPPEMENT DURABLE, TELS QUE LES ÉNERGIES RENOUVELABLES, L'EFFICACITÉ ÉNERGÉTIQUE, LA CONSERVATION DE L'EAU, ET LES INITIATIVES SOCIALES. EN OUTRE, LES BANQUES ADOPTENT DES CRITÈRES DE FINANCE DURABLE DANS LEURS DÉCISIONS DE PRÊT ET D'INVESTISSEMENT, EN ÉVALUANT L'IMPACT ENVIRONNEMENTAL ET SOCIAL DES PROJETS QU'ELLES FINANCENT. CETTE APPROCHE NE CONTRIBUE PAS SEULEMENT À UN AVENIR PLUS DURABLE, MAIS OFFRE ÉGALEMENT DES OPPORTUNITÉS DE NOUVEAUX MARCHÉS ET DE DIVERSIFICATION DES RISQUES POUR LES BANQUES.

RÉDUCTION DE LA PAUVRETÉ

LES BANQUES ONT UN RÔLE IMPORTANT À JOUER DANS LA RÉDUCTION DE LA PAUVRETÉ, PRINCIPALEMENT EN FACILITANT L'ACCÈS AUX SERVICES FINANCIERS POUR LES POPULATIONS À FAIBLE REVENU ET LES MICRO-ENTREPRISES. EN FOURNISSANT DES SERVICES TELS QUE LE MICROCRÉDIT, LES COMPTES D'ÉPARGNE À FAIBLE COÛT, ET LES ASSURANCES, LES BANQUES AIDENT LES PERSONNES DÉFAVORISÉES À INVESTIR DANS LEUR ÉDUCATION, LEUR SANTÉ, ET LEURS ENTREPRISES, STIMULANT AINSI LE DÉVELOPPEMENT ÉCONOMIQUE ET AMÉLIORANT LEUR QUALITÉ DE VIE. LES BANQUES PARTICIPENT ÉGALEMENT À DES PROGRAMMES D'INCLUSION FINANCIÈRE, SOUVENT EN COLLABORATION AVEC DES GOUVERNEMENTS ET DES ONG, POUR ÉTENDRE L'ACCÈS AUX SERVICES FINANCIERS DANS LES RÉGIONS SOUS-BANCARISÉES. PAR CES ACTIVITÉS, LES BANQUES CONTRIBUENT À L'OBJECTIF GLOBAL DE RÉDUCTION DE LA PAUVRETÉ ET AU DÉVELOPPEMENT ÉCONOMIQUE INCLUSIF.

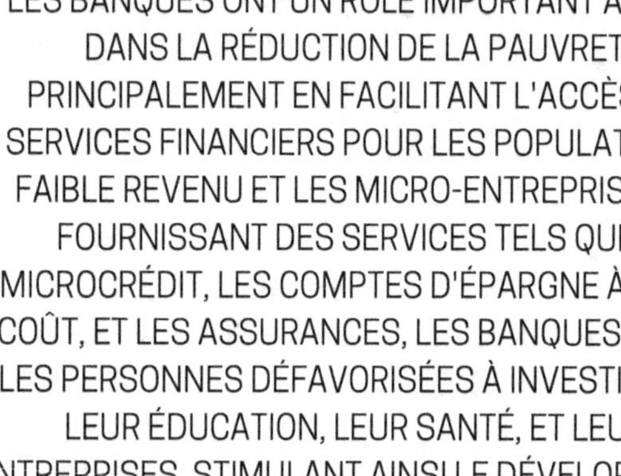

SERVICE DE L'ÉDUCATION

LES BANQUES JOUENT UN RÔLE ESSENTIEL DANS LE FINANCEMENT DU SECTEUR ÉDUCATIF, OFFRANT DES SOLUTIONS DE FINANCEMENT POUR LES INSTITUTIONS ÉDUCATIVES AINSI QUE POUR LES ÉTUDIANTS. POUR LES INSTITUTIONS TELLES QUE LES ÉCOLES, LES UNIVERSITÉS ET LES CENTRES DE FORMATION, LES BANQUES FOURNISSENT DES PRÊTS POUR LA CONSTRUCTION D'INFRASTRUCTURES, L'ACHAT D'ÉQUIPEMENTS ÉDUCATIFS OU LE FINANCEMENT DE PROGRAMMES DE RECHERCHE. EN CE QUI CONCERNE LES ÉTUDIANTS, LES BANQUES OFFRENT DES PRÊTS ÉTUDIANTS POUR AIDER À COUVRIR LES FRAIS DE SCOLARITÉ, LES LIVRES ET LES FRAIS DE SUBSISTANCE. CERTAINS DE CES PRÊTS SONT STRUCTURÉS POUR DIFFÉRER LES REMBOURSEMENTS JUSQU'À L'OBTENTION DU DIPLÔME, ALLÉGEANT AINSI LA CHARGE FINANCIÈRE SUR LES ÉTUDIANTS PENDANT LEURS ÉTUDES. LE SOUTIEN DES BANQUES AU SECTEUR ÉDUCATIF EST CRUCIAL POUR ASSURER L'ACCÈS À L'ÉDUCATION ET PROMOUVOIR LE DÉVELOPPEMENT DES COMPÉTENCES NÉCESSAIRES DANS UNE ÉCONOMIE MONDIALE EN ÉVOLUTION.

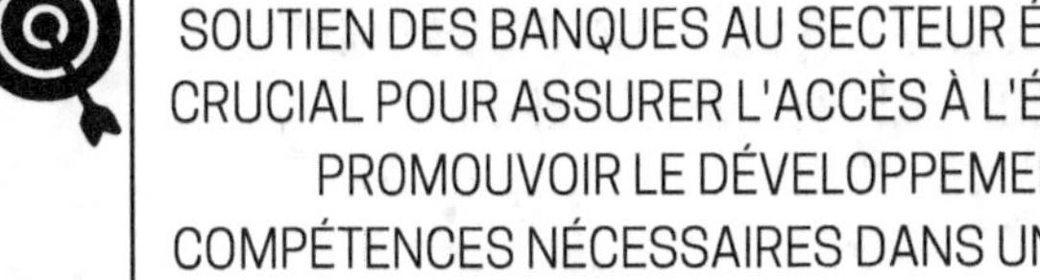

80

DÉFIS DE RÉGULATION POUR LES BANQUES

LES BANQUES FONT FACE À UN ENVIRONNEMENT RÉGLEMENTAIRE DE PLUS EN PLUS COMPLEXE ET EXIGEANT. APRÈS LA CRISE FINANCIÈRE DE 2008, LES RÉGULATEURS ONT MIS EN PLACE DES NORMES PLUS STRICTES POUR AUGMENTER LA TRANSPARENCE, RENFORCER LES EXIGENCES DE FONDS PROPRES, ET LIMITER LES PRATIQUES RISQUÉES. BIEN QUE CES RÉGLEMENTATIONS VISENT À AMÉLIORER LA STABILITÉ ET LA FIABILITÉ DU SYSTÈME FINANCIER, ELLES REPRÉSENTENT ÉGALEMENT UN DÉFI POUR LES BANQUES EN TERMES DE COÛTS DE CONFORMITÉ ET DE CONTRAINTES OPÉRATIONNELLES. LES BANQUES DOIVENT INVESTIR DANS DES SYSTÈMES AVANCÉS DE GESTION DES RISQUES ET DE REPORTING, ET SOUVENT ADAPTER LEURS MODÈLES D'AFFAIRES ET LEURS STRATÉGIES D'INVESTISSEMENT. LA CONCILIATION ENTRE L'INNOVATION, LA RENTABILITÉ ET LA CONFORMITÉ RÉGLEMENTAIRE EST UN ÉQUILIBRE DÉLICAT QUE LES BANQUES DOIVENT CONTINUELLEMENT GÉRER.

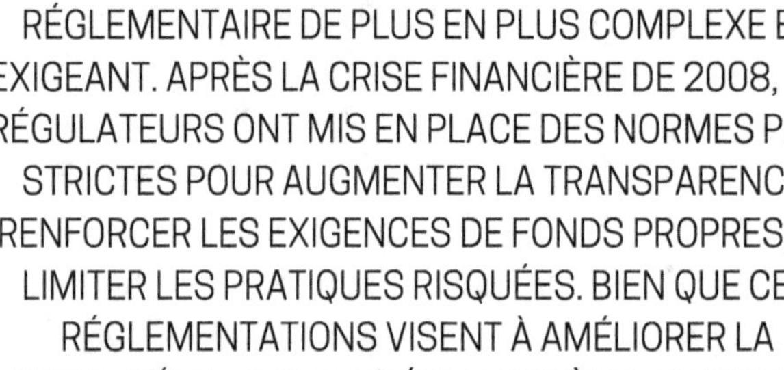

81

COMPTES OFFSHORE SOUS LA LOUPE

LES COMPTES OFFSHORE, SITUÉS DANS DES JURIDICTIONS AUTRES QUE CELLE DU PAYS DE RÉSIDENCE DU DÉTENTEUR, SONT SOUVENT ASSOCIÉS À DES AVANTAGES FISCAUX ET À UNE CONFIDENTIALITÉ ACCRUE. CEPENDANT, EN RAISON DE PRÉOCCUPATIONS CONCERNANT LE BLANCHIMENT D'ARGENT, L'ÉVASION FISCALE ET LE FINANCEMENT DU TERRORISME, LA RÉGLEMENTATION DES COMPTES OFFSHORE A ÉTÉ CONSIDÉRABLEMENT RENFORCÉE AU COURS DES DERNIÈRES ANNÉES. LES INITIATIVES INTERNATIONALES, TELLES QUE LES NORMES D'ÉCHANGE D'INFORMATIONS FISCALES DE L'OCDE, OBLIGENT LES BANQUES OFFSHORE À DÉCLARER LES COMPTES DÉTENUS PAR DES RÉSIDENTS ÉTRANGERS AUX AUTORITÉS FISCALES DE LEUR PAYS. CES MESURES VISENT À AUGMENTER LA TRANSPARENCE ET À EMPÊCHER L'UTILISATION ABUSIVE DES COMPTES OFFSHORE. POUR LES BANQUES OFFRANT DES SERVICES OFFSHORE, CELA SIGNIFIE UNE DILIGENCE RAISONNABLE PLUS RIGOUREUSE ET UN RESPECT SCRUPULEUX DES RÉGLEMENTATIONS INTERNATIONALES POUR ÉVITER DES SANCTIONS ET PRÉSERVER LEUR RÉPUTATION.

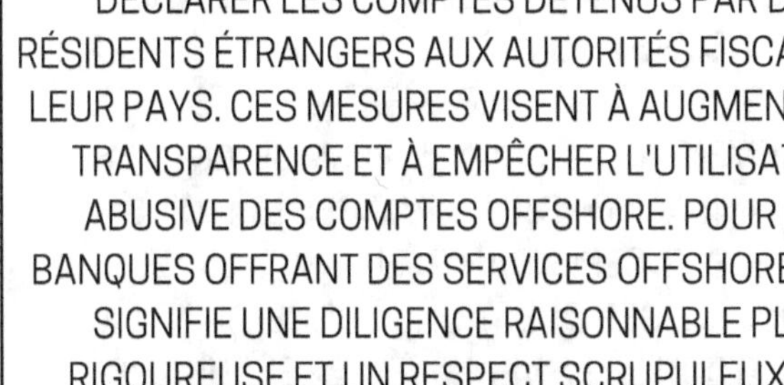

82

L'AVENIR DES MONNAIES NUMÉRIQUES

LA MONNAIE NUMÉRIQUE DES BANQUES CENTRALES (MNBC) EST UN DOMAINE EN PLEINE ÉVOLUTION, AVEC DE NOMBREUSES BANQUES CENTRALES À TRAVERS LE MONDE EXPLORANT OU DÉVELOPPANT LEUR PROPRE VERSION NUMÉRIQUE DE LA MONNAIE FIDUCIAIRE. CONTRAIREMENT AUX CRYPTOMONNAIES DÉCENTRALISÉES COMME LE BITCOIN, LES MNBC SONT ÉMISES ET RÉGULÉES PAR LES BANQUES CENTRALES, OFFRANT AINSI UNE STABILITÉ ET UNE SÉCURITÉ ACCRUES. LES AVANTAGES POTENTIELS DES MNBC INCLUENT UNE PLUS GRANDE EFFICACITÉ DANS LES PAIEMENTS NUMÉRIQUES, UNE MEILLEURE TRAÇABILITÉ DES TRANSACTIONS POUR LUTTER CONTRE LES ACTIVITÉS ILLICITES, ET UNE INCLUSION FINANCIÈRE ACCRUE. À L'AVENIR, LES MNBC POURRAIENT TRANSFORMER LE SYSTÈME DE PAIEMENT TRADITIONNEL, PERMETTANT DES TRANSACTIONS PLUS RAPIDES ET MOINS COÛTEUSES. CEPENDANT, LEUR MISE EN ŒUVRE SOULÈVE DES QUESTIONS CONCERNANT LA PROTECTION DE LA VIE PRIVÉE, LA SÉCURITÉ DES DONNÉES ET L'IMPACT SUR LE SYSTÈME BANCAIRE EXISTANT.

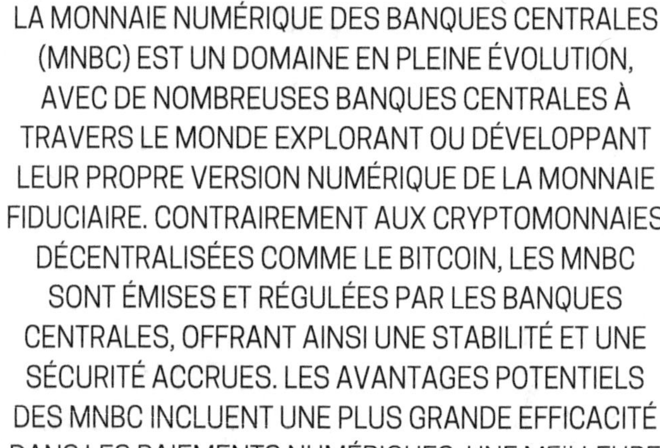

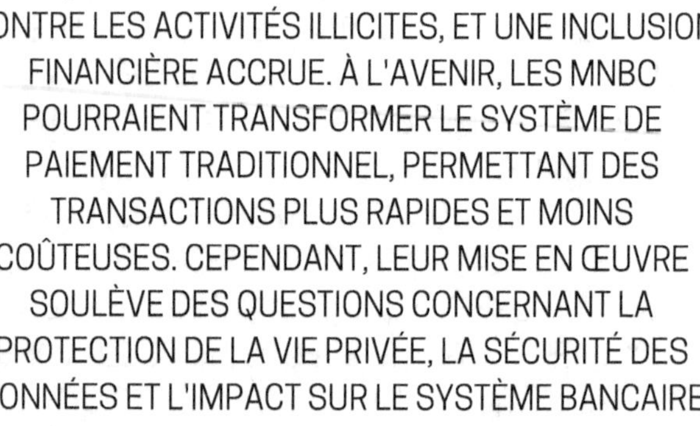

83

INFRASTRUCTURES ÉNERGÉTIQUES

LE FINANCEMENT DES INFRASTRUCTURES ÉNERGÉTIQUES EST UN SECTEUR CLÉ POUR LES BANQUES, ÉTANT DONNÉ LA NÉCESSITÉ MONDIALE CROISSANTE DE SOURCES D'ÉNERGIE DURABLES ET EFFICACES. LES BANQUES FOURNISSENT DES FINANCEMENTS ESSENTIELS POUR UNE GAMME DE PROJETS, DES INSTALLATIONS TRADITIONNELLES DE PRODUCTION D'ÉNERGIE (COMME LES CENTRALES THERMIQUES) AUX SOURCES D'ÉNERGIE RENOUVELABLE (TELLES QUE L'ÉOLIEN, LE SOLAIRE ET L'HYDROÉLECTRIQUE). CES PROJETS NÉCESSITENT SOUVENT D'IMPORTANTS INVESTISSEMENTS À LONG TERME. LES BANQUES JOUENT UN RÔLE EN STRUCTURANT DES PRÊTS À LONG TERME, EN ORGANISANT DES SYNDICATS DE PRÊTEURS POUR RÉPARTIR LES RISQUES, ET EN OFFRANT DES CONSEILS FINANCIERS. À MESURE QUE L'ACCENT EST MIS SUR LA DURABILITÉ, LES BANQUES SONT DE PLUS EN PLUS AMENÉES À FINANCER DES PROJETS ÉNERGÉTIQUES QUI CONTRIBUENT À LA TRANSITION VERS UNE ÉCONOMIE À FAIBLES ÉMISSIONS DE CARBONE.

84

INTELLIGENCE ARTIFICIELLE EN BANQUE

L'INTELLIGENCE ARTIFICIELLE (IA) TRANSFORME LE SECTEUR BANCAIRE EN AMÉLIORANT L'EFFICACITÉ, EN PERSONNALISANT LES SERVICES ET EN RENFORÇANT LA SÉCURITÉ. LES APPLICATIONS DE L'IA DANS LES SERVICES BANCAIRES INCLUENT LES CHATBOTS POUR LE SERVICE CLIENT, LES ALGORITHMES DE MACHINE LEARNING POUR LA DÉTECTION DE LA FRAUDE, ET LES SYSTÈMES DE RECOMMANDATION PERSONNALISÉS POUR LES PRODUITS FINANCIERS. L'IA AIDE ÉGALEMENT DANS L'ANALYSE DE DONNÉES VOLUMINEUSES POUR UNE PRISE DE DÉCISION ÉCLAIRÉE EN MATIÈRE D'INVESTISSEMENT ET DE GESTION DES RISQUES. EN OUTRE, LES BANQUES UTILISENT L'IA POUR AUTOMATISER LES PROCESSUS INTERNES, RÉDUISANT AINSI LES COÛTS OPÉRATIONNELS ET AMÉLIORANT L'EFFICACITÉ. TOUTEFOIS, L'ADOPTION DE L'IA SOULÈVE DES QUESTIONS ÉTHIQUES ET RÉGLEMENTAIRES, NOTAMMENT EN MATIÈRE DE CONFIDENTIALITÉ DES DONNÉES ET DE TRANSPARENCE DES ALGORITHMES. LES BANQUES DOIVENT DONC ÉQUILIBRER L'INNOVATION TECHNOLOGIQUE AVEC UNE GOUVERNANCE ET UNE CONFORMITÉ RIGOUREUSES.

85

SOUTIEN BANCAIRE EN TEMPS DE CRISE

DURANT LES CRISES ÉCONOMIQUES, LES BANQUES JOUENT UN RÔLE CRUCIAL EN SOUTENANT LES ENTREPRISES, EN PARTICULIER LES PME, QUI SONT SOUVENT LES PLUS TOUCHÉES. LES BANQUES FOURNISSENT UN SOUTIEN ESSENTIEL À TRAVERS DES PROGRAMMES DE PRÊTS D'URGENCE, DES LIGNES DE CRÉDIT FLEXIBLES, ET DES MORATOIRES SUR LES REMBOURSEMENTS DE PRÊTS EXISTANTS. DE NOMBREUSES BANQUES TRAVAILLENT EN COLLABORATION AVEC LES GOUVERNEMENTS POUR DÉPLOYER DES AIDES FINANCIÈRES ET DES GARANTIES DE PRÊT DESTINÉES À STABILISER LES ENTREPRISES EN DIFFICULTÉ. EN OUTRE, LES BANQUES OFFRENT DES CONSEILS FINANCIERS ET STRATÉGIQUES POUR AIDER LES ENTREPRISES À NAVIGUER DANS DES ENVIRONNEMENTS DE MARCHÉ INCERTAINS. CE SOUTIEN EST VITAL POUR MAINTENIR LA SOLVABILITÉ DES ENTREPRISES, SAUVEGARDER L'EMPLOI ET STIMULER LA REPRISE ÉCONOMIQUE.

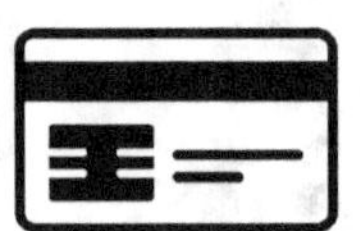

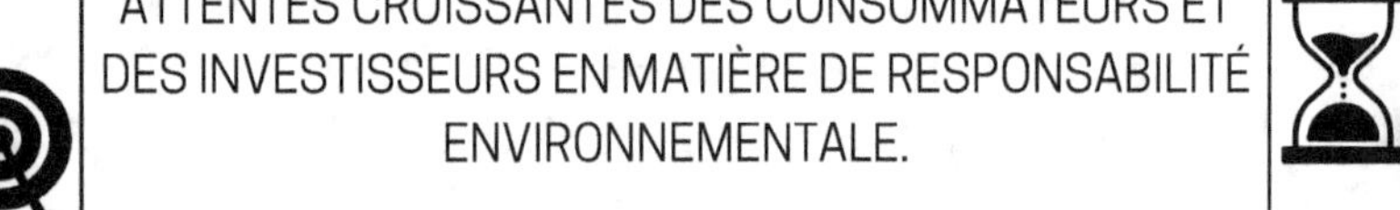

BANQUES ET FINANCE VERTE

LA FINANCE VERTE, AXÉE SUR LE SOUTIEN AUX PROJETS ET INITIATIVES ÉCOLOGIQUES, EST UN DOMAINE EN PLEINE CROISSANCE DANS LE SECTEUR BANCAIRE. LES BANQUES JOUENT UN RÔLE IMPORTANT EN FINANÇANT DES PROJETS QUI CONTRIBUENT À LA LUTTE CONTRE LE CHANGEMENT CLIMATIQUE, COMME LES ÉNERGIES RENOUVELABLES, L'EFFICACITÉ ÉNERGÉTIQUE, ET LA CONSERVATION DE LA BIODIVERSITÉ. ELLES ÉMETTENT ÉGALEMENT DES OBLIGATIONS VERTES POUR FINANCER DES PROJETS ÉCOLOGIQUES ET DÉVELOPPENT DES PRODUITS FINANCIERS QUI FAVORISENT DES INVESTISSEMENTS DURABLES. PAR CES ACTIVITÉS, LES BANQUES NON SEULEMENT AIDENT À ATTÉNUER LES EFFETS DU CHANGEMENT CLIMATIQUE, MAIS RÉPONDENT ÉGALEMENT AUX ATTENTES CROISSANTES DES CONSOMMATEURS ET DES INVESTISSEURS EN MATIÈRE DE RESPONSABILITÉ ENVIRONNEMENTALE.

87

FACE AUX CATASTROPHES NATURELLES

LES BANQUES JOUENT UN RÔLE SIGNIFICATIF DANS LA GESTION DES RÉPERCUSSIONS ÉCONOMIQUES DES CATASTROPHES NATURELLES. ELLES FOURNISSENT DES FINANCEMENTS D'URGENCE POUR LA RECONSTRUCTION ET LA RÉPARATION DES DOMMAGES CAUSÉS PAR DES ÉVÉNEMENTS TELS QUE LES OURAGANS, LES INONDATIONS OU LES TREMBLEMENTS DE TERRE. LES BANQUES OFFRENT ÉGALEMENT DES MORATOIRES SUR LES PRÊTS ET DES CONDITIONS DE REMBOURSEMENT FLEXIBLES POUR LES INDIVIDUS ET LES ENTREPRISES AFFECTÉS PAR CES CATASTROPHES. DE PLUS, ELLES PARTICIPENT ACTIVEMENT À DES INITIATIVES DE PRÉPARATION ET DE RÉPONSE AUX CATASTROPHES, EN COLLABORATION AVEC LES GOUVERNEMENTS ET LES ORGANISATIONS HUMANITAIRES. LES BANQUES PEUVENT ÉGALEMENT SOUTENIR DES PROGRAMMES DE PRÉVENTION DES RISQUES ET DE RÉSILIENCE POUR AIDER LES COMMUNAUTÉS À MIEUX SE PRÉPARER AUX FUTURS DÉSASTRES NATURELS.

PAIEMENTS SANS CONTACT

LE PAIEMENT SANS CONTACT REPRÉSENTE UNE AVANCÉE SIGNIFICATIVE DANS LE DOMAINE DES TRANSACTIONS FINANCIÈRES, OFFRANT RAPIDITÉ, COMMODITÉ ET SÉCURITÉ. CES SYSTÈMES UTILISENT DES TECHNOLOGIES TELLES QUE LE NFC (NEAR FIELD COMMUNICATION) POUR PERMETTRE DES PAIEMENTS EN RAPPROCHANT SIMPLEMENT UNE CARTE OU UN APPAREIL MOBILE D'UN TERMINAL DE PAIEMENT. LES INNOVATIONS RÉCENTES DANS CE DOMAINE INCLUENT L'INTÉGRATION DE PAIEMENTS SANS CONTACT DANS LES SMARTPHONES ET LES MONTRES INTELLIGENTES, L'UTILISATION DE QR CODES POUR LES TRANSACTIONS, ET MÊME LE DÉVELOPPEMENT DE SYSTÈMES DE PAIEMENT BIOMÉTRIQUES, COMME LES EMPREINTES DIGITALES OU LA RECONNAISSANCE FACIALE. CES TECHNOLOGIES OFFRENT UNE EXPÉRIENCE UTILISATEUR AMÉLIORÉE ET RÉDUISENT LE BESOIN DE MANIPULER DE L'ARGENT COMPTANT OU DES CARTES PHYSIQUES, CE QUI EST PARTICULIÈREMENT PERTINENT DANS LE CONTEXTE SANITAIRE ACTUEL.

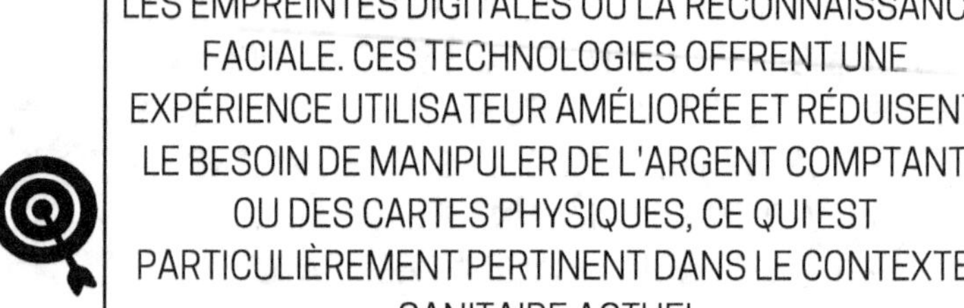

89

CASSE-TÊTE BANCAIRE

LA CONFORMITÉ RÉGLEMENTAIRE REPRÉSENTE UN DÉFI MAJEUR POUR LES BANQUES, DÛ À UN ENVIRONNEMENT RÉGLEMENTAIRE DE PLUS EN PLUS COMPLEXE ET EN CONSTANTE ÉVOLUTION. LES BANQUES DOIVENT SE CONFORMER À UNE MULTITUDE DE RÉGLEMENTATIONS NATIONALES ET INTERNATIONALES, COUVRANT DES DOMAINES TELS QUE LA LUTTE CONTRE LE BLANCHIMENT D'ARGENT, LA PROTECTION DES DONNÉES, LA CYBER-SÉCURITÉ, ET LES NORMES DE FONDS PROPRES. LA CONFORMITÉ NÉCESSITE DES INVESTISSEMENTS SIGNIFICATIFS EN TERMES DE RESSOURCES HUMAINES ET TECHNOLOGIQUES POUR SURVEILLER ET RAPPORTER LES ACTIVITÉS, AINSI QUE POUR METTRE EN PLACE DES SYSTÈMES DE CONTRÔLE INTERNE EFFICACES. LE NON-RESPECT DE CES RÉGLEMENTATIONS PEUT ENTRAÎNER DES AMENDES LOURDES, DES DOMMAGES À LA RÉPUTATION, ET D'AUTRES CONSÉQUENCES JURIDIQUES. LES BANQUES DOIVENT DONC ÊTRE VIGILANTES ET PROACTIVES DANS LA GESTION DE LEURS OBLIGATIONS DE CONFORMITÉ.

FINANCEMENT DU TOURISME

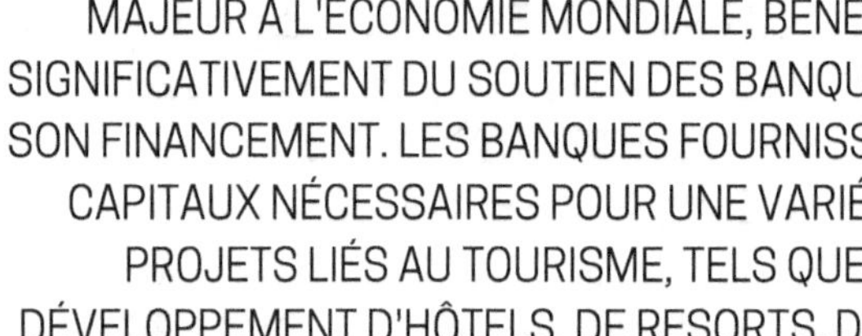

LE SECTEUR DU TOURISME, ÉTANT UN CONTRIBUTEUR MAJEUR À L'ÉCONOMIE MONDIALE, BÉNÉFICIE SIGNIFICATIVEMENT DU SOUTIEN DES BANQUES POUR SON FINANCEMENT. LES BANQUES FOURNISSENT DES CAPITAUX NÉCESSAIRES POUR UNE VARIÉTÉ DE PROJETS LIÉS AU TOURISME, TELS QUE LE DÉVELOPPEMENT D'HÔTELS, DE RESORTS, DE PARCS À THÈME, ET D'INFRASTRUCTURES TOURISTIQUES. CES FINANCEMENTS PEUVENT PRENDRE LA FORME DE PRÊTS TRADITIONNELS, DE FINANCEMENTS DE PROJETS OU DE FACILITÉS DE CRÉDIT. EN OUTRE, LES BANQUES OFFRENT DES SERVICES CONSULTATIFS POUR LES TRANSACTIONS DE FUSION ET ACQUISITION DANS LE SECTEUR DU TOURISME. PENDANT LES PÉRIODES DE CRISE, COMME LA PANDÉMIE DE COVID-19, LES BANQUES JOUENT UN RÔLE CRUCIAL EN FOURNISSANT UN SOUTIEN FINANCIER AUX ENTREPRISES DU TOURISME IMPACTÉES, CONTRIBUANT AINSI À LA STABILISATION ET À LA REPRISE DU SECTEUR.

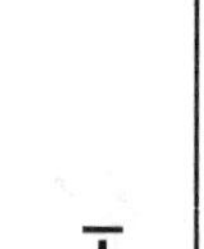

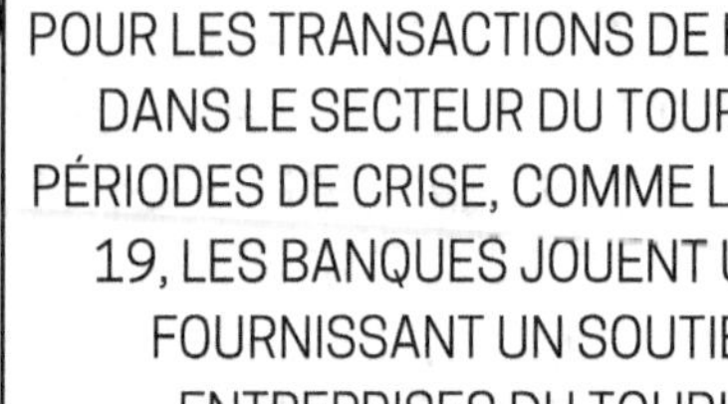

PRÊTS AUX ENTREPRISES

LES PRÊTS AUX ENTREPRISES SONT UN ÉLÉMENT VITAL DE L'ÉCONOMIE, CAR ILS FOURNISSENT LE CAPITAL NÉCESSAIRE POUR LE DÉMARRAGE, L'EXPANSION ET LE FONCTIONNEMENT DES ENTREPRISES. CES PRÊTS PERMETTENT AUX ENTREPRISES D'INVESTIR DANS DE NOUVEAUX ÉQUIPEMENTS, DE DÉVELOPPER DE NOUVEAUX PRODUITS, D'EMBAUCHER DU PERSONNEL ET DE GÉRER LEUR FLUX DE TRÉSORERIE. EN FACILITANT CES PRÊTS, LES BANQUES JOUENT UN RÔLE CLÉ DANS LA STIMULATION DE LA CROISSANCE ÉCONOMIQUE, LA CRÉATION D'EMPLOIS ET L'INNOVATION. POUR LES PETITES ET MOYENNES ENTREPRISES (PME), QUI PEUVENT NE PAS AVOIR ACCÈS À D'AUTRES SOURCES DE FINANCEMENT, LES PRÊTS BANCAIRES SONT PARTICULIÈREMENT IMPORTANTS. EN INVESTISSANT DANS LES ENTREPRISES, LES BANQUES CONTRIBUENT NON SEULEMENT À LA SANTÉ FINANCIÈRE DES ENTREPRISES INDIVIDUELLES, MAIS AUSSI AU BIEN-ÊTRE ÉCONOMIQUE GLOBAL DE LA SOCIÉTÉ.

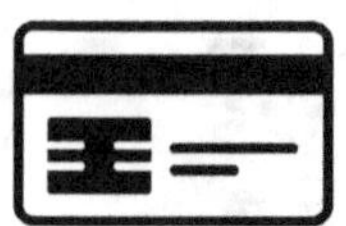

FAILLITES BANCAIRES

L'HISTOIRE DES FAILLITES BANCAIRES INCLUT PLUSIEURS CAS NOTABLES QUI ONT EU UN IMPACT PROFOND SUR LE SECTEUR FINANCIER ET L'ÉCONOMIE MONDIALE. PARMI LES PLUS SIGNIFICATIFS, ON TROUVE LA FAILLITE DE LEHMAN BROTHERS EN 2008, QUI A ÉTÉ L'UN DES CATALYSEURS DE LA CRISE FINANCIÈRE MONDIALE. CETTE FAILLITE A MIS EN ÉVIDENCE LES RISQUES LIÉS AUX PRATIQUES DE PRÊT IMPRUDENTES ET À L'INTERCONNEXION DU SYSTÈME FINANCIER GLOBAL. D'AUTRES EXEMPLES NOTABLES INCLUENT LA FAILLITE DE WASHINGTON MUTUAL EN 2008, LA PLUS GRANDE FAILLITE D'UNE BANQUE D'ÉPARGNE ET DE PRÊT DANS L'HISTOIRE DES ÉTATS-UNIS, ET LA DÉBÂCLE DE LA NORTHERN ROCK AU ROYAUME-UNI EN 2007, QUI A NÉCESSITÉ UNE NATIONALISATION DE LA BANQUE. CES ÉVÉNEMENTS ONT CONDUIT À UN EXAMEN APPROFONDI DES PRATIQUES DE GESTION DES RISQUES DANS LES BANQUES ET À UNE RÉGLEMENTATION PLUS STRICTE DU SECTEUR FINANCIER.

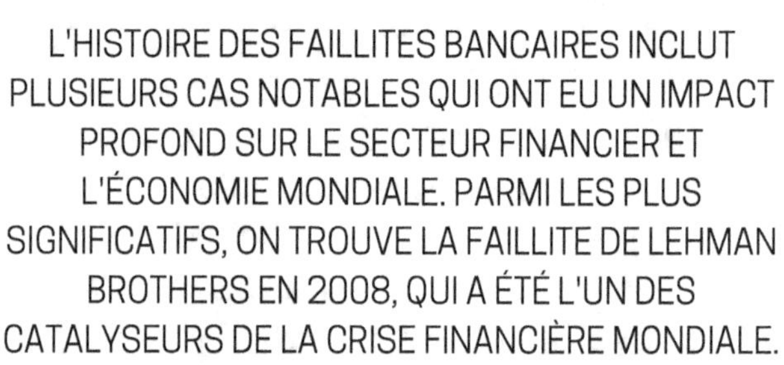

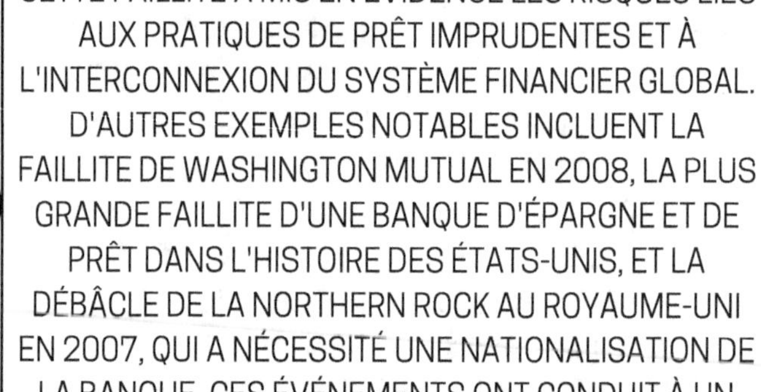

93

CONFIDENTIALITÉ DES DONNÉES

LA CONFIDENTIALITÉ DES DONNÉES EST UNE PRÉOCCUPATION MAJEURE POUR LES BANQUES, CAR ELLES TRAITENT DE GRANDES QUANTITÉS D'INFORMATIONS PERSONNELLES ET FINANCIÈRES SENSIBLES. LA PROTECTION DE CES DONNÉES CONTRE LES ACCÈS NON AUTORISÉS, LES FUITES ET LES CYBERATTAQUES EST CRUCIALE POUR MAINTENIR LA CONFIANCE DES CLIENTS ET SE CONFORMER AUX RÉGLEMENTATIONS SUR LA PROTECTION DES DONNÉES, COMME LE RGPD EN EUROPE. LES BANQUES DOIVENT INVESTIR DANS DES TECHNOLOGIES DE SÉCURITÉ AVANCÉES, TELLES QUE LE CRYPTAGE ET LES PARE-FEU, ET ADOPTER DES POLITIQUES STRICTES DE GESTION DES DONNÉES. ELLES DOIVENT ÉGALEMENT SENSIBILISER LEURS EMPLOYÉS ET LEURS CLIENTS AUX MEILLEURES PRATIQUES DE SÉCURITÉ DES DONNÉES. LA CONFIDENTIALITÉ DES DONNÉES EST UN DÉFI CONTINU, EN PARTICULIER AVEC L'ÉVOLUTION DES MENACES DE CYBER-SÉCURITÉ ET L'AUGMENTATION DE L'UTILISATION DES SERVICES BANCAIRES NUMÉRIQUES.

94

UNE ALTERNATIVE ÉTHIQUE

LA FINANCE ISLAMIQUE, BASÉE SUR LES PRINCIPES DE LA CHARIA, S'EST DÉVELOPPÉE COMME UN SEGMENT IMPORTANT DU SYSTÈME FINANCIER MONDIAL. CONTRAIREMENT À LA FINANCE CONVENTIONNELLE, LA FINANCE ISLAMIQUE INTERDIT L'INTÉRÊT (RIBA) ET PRIVILÉGIE LES TRANSACTIONS BASÉES SUR LE PARTAGE DES PROFITS ET DES RISQUES. LES BANQUES ISLAMIQUES PROPOSENT DES PRODUITS TELS QUE LE MURABAHA (VENTE À MARGE), LE MUDARABAH (PARTENARIAT DE PROFIT), ET L'IJARA (LOCATION-VENTE). CES PRODUITS FINANCIERS SONT CONÇUS POUR RÉPONDRE AUX BESOINS FINANCIERS TOUT EN RESPECTANT LES PRÉCEPTES ISLAMIQUES. LA FINANCE ISLAMIQUE ATTIRE NON SEULEMENT LES CLIENTS MUSULMANS, MAIS AUSSI CEUX QUI RECHERCHENT DES ALTERNATIVES ÉTHIQUES AUX SERVICES BANCAIRES TRADITIONNELS. AVEC UNE CROISSANCE RAPIDE, NOTAMMENT DANS LES RÉGIONS DU MOYEN-ORIENT, DE L'ASIE DU SUD-EST ET DE L'AFRIQUE, LA FINANCE ISLAMIQUE DEVIENT UN ACTEUR CLÉ DANS LE PAYSAGE FINANCIER GLOBAL.

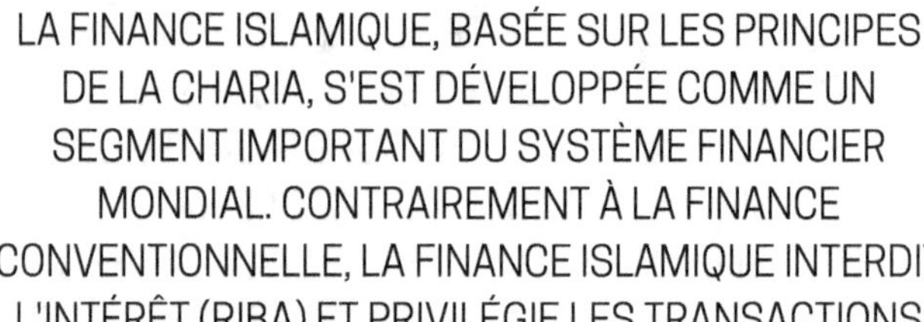

95

START-UPS TECHNOLOGIQUES

LES BANQUES JOUENT UN RÔLE CRUCIAL DANS LE FINANCEMENT DES START-UPS TECHNOLOGIQUES, FOURNISSANT LES CAPITAUX NÉCESSAIRES POUR INNOVER ET SE DÉVELOPPER. CE FINANCEMENT PEUT PRENDRE PLUSIEURS FORMES, TELLES QUE DES PRÊTS TRADITIONNELS, DES LIGNES DE CRÉDIT, ET DES SOLUTIONS DE CAPITAL-RISQUE. LES BANQUES OFFRENT ÉGALEMENT DES SERVICES CONSULTATIFS, AIDANT LES START-UPS À STRUCTURER LEUR FINANCEMENT, À GÉRER LEUR TRÉSORERIE ET À PLANIFIER LEUR CROISSANCE. EN PLUS DES SERVICES FINANCIERS, CERTAINES BANQUES PROPOSENT DES PROGRAMMES D'INCUBATION ET D'ACCÉLÉRATION POUR SOUTENIR LES START-UPS TECHNOLOGIQUES. CEPENDANT, LE FINANCEMENT DES START-UPS COMPORTE DES RISQUES ÉLEVÉS EN RAISON DE LEUR NATURE NON ÉPROUVÉE ET DE LEURS MODÈLES COMMERCIAUX INNOVANTS. LES BANQUES DOIVENT DONC ÉQUILIBRER LES OPPORTUNITÉS DE CROISSANCE AVEC UNE ÉVALUATION RIGOUREUSE DES RISQUES.

MONDIALISATION

LA MONDIALISATION A EU UN IMPACT PROFOND SUR LE SECTEUR BANCAIRE, ENTRAÎNANT UNE EXPANSION INTERNATIONALE DES SERVICES FINANCIERS ET UNE INTERCONNEXION ACCRUE DES MARCHÉS FINANCIERS. LES BANQUES OPÈRENT DÉSORMAIS DANS UN ENVIRONNEMENT GLOBAL, AVEC DES OPPORTUNITÉS D'ACCÉDER À DE NOUVEAUX MARCHÉS, DE DIVERSIFIER LES INVESTISSEMENTS ET DE SERVIR UNE CLIENTÈLE INTERNATIONALE. CEPENDANT, LA MONDIALISATION PRÉSENTE ÉGALEMENT DES DÉFIS, TELS QUE LA NAVIGATION DANS DIFFÉRENTS CADRES RÉGLEMENTAIRES, LA GESTION DES RISQUES DE MARCHÉ GLOBALISÉS, ET LA CONCURRENCE AVEC DES INSTITUTIONS FINANCIÈRES INTERNATIONALES. DE PLUS, LA MONDIALISATION A INTENSIFIÉ L'IMPACT DES CRISES FINANCIÈRES, COMME LE MONTRE LA CRISE FINANCIÈRE DE 2008, OÙ LES PROBLÈMES DANS UN PAYS OU UNE RÉGION PEUVENT RAPIDEMENT SE PROPAGER À L'ÉCHELLE MONDIALE. LES BANQUES DOIVENT DONC ADOPTER DES STRATÉGIES PRUDENTES DE GESTION DES RISQUES ET DE CONFORMITÉ POUR OPÉRER EFFICACEMENT DANS L'ÉCONOMIE MONDIALISÉE.

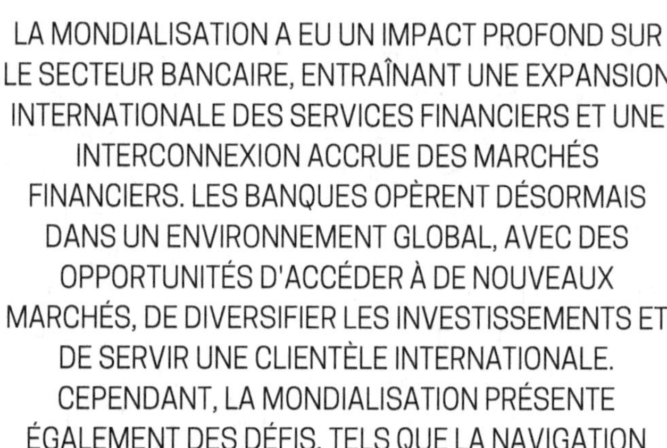

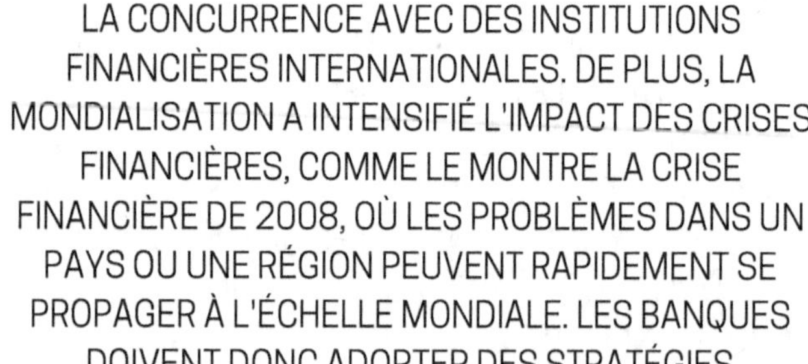

97

SERVICE DE L'ENVIRONNEMENT

LE FINANCEMENT DES PROJETS ENVIRONNEMENTAUX PAR LES BANQUES EST DEVENU UN ÉLÉMENT ESSENTIEL DE LA FINANCE DURABLE ET RESPONSABLE. LES BANQUES JOUENT UN RÔLE CLÉ EN DIRIGEANT DES CAPITAUX VERS DES PROJETS QUI FAVORISENT LA DURABILITÉ ENVIRONNEMENTALE, COMME LES ÉNERGIES RENOUVELABLES, LA CONSERVATION DE L'EAU, LA PROTECTION DE LA BIODIVERSITÉ, ET LA CONSTRUCTION D'INFRASTRUCTURES ÉCOLOGIQUES. ELLES OFFRENT DIVERS INSTRUMENTS FINANCIERS, TELS QUE DES PRÊTS VERTS, DES OBLIGATIONS VERTES, ET DES FINANCEMENTS DE PROJETS SPÉCIFIQUES POUR SOUTENIR CES INITIATIVES. EN FINANÇANT DES PROJETS ENVIRONNEMENTAUX, LES BANQUES AIDENT NON SEULEMENT À ATTÉNUER LES EFFETS DU CHANGEMENT CLIMATIQUE, MAIS RÉPONDENT ÉGALEMENT AUX ATTENTES CROISSANTES DES INVESTISSEURS ET DES CONSOMMATEURS CONCERNANT LES PRATIQUES D'INVESTISSEMENT ÉTHIQUES ET DURABLES. CETTE APPROCHE CONTRIBUE ÉGALEMENT À L'ATTEINTE DES OBJECTIFS DE DÉVELOPPEMENT DURABLE DES NATIONS UNIES ET À LA PROMOTION D'UNE ÉCONOMIE À FAIBLE ÉMISSION DE CARBONE.

PILIER DU COMMERCE INTERNATIONAL

LES BANQUES JOUENT UN RÔLE FONDAMENTAL DANS LE SOUTIEN ET LA FACILITATION DU COMMERCE INTERNATIONAL. ELLES FOURNISSENT UNE GAMME DE SERVICES FINANCIERS ESSENTIELS POUR LES ENTREPRISES ENGAGÉES DANS LE COMMERCE TRANSFRONTALIER, NOTAMMENT LE FINANCEMENT DU COMMERCE, LES LETTRES DE CRÉDIT, LES GARANTIES BANCAIRES, ET LES SERVICES DE CHANGE. LES LETTRES DE CRÉDIT, EN PARTICULIER, SONT UN INSTRUMENT CRUCIAL, CAR ELLES RÉDUISENT LE RISQUE POUR LES EXPORTATEURS EN ASSURANT QUE LE PAIEMENT SERA EFFECTUÉ UNE FOIS QUE LES CONDITIONS CONVENUES SONT REMPLIES. LES BANQUES AIDENT ÉGALEMENT LES ENTREPRISES À GÉRER LES RISQUES ASSOCIÉS AU COMMERCE INTERNATIONAL, TELS QUE LES FLUCTUATIONS DES TAUX DE CHANGE ET LES RISQUES POLITIQUES OU ÉCONOMIQUES DANS DIFFÉRENTS PAYS. EN OUTRE, LES BANQUES PEUVENT OFFRIR DES CONSEILS EXPERTS SUR LES RÉGLEMENTATIONS COMMERCIALES INTERNATIONALES ET LES PRATIQUES DOUANIÈRES, FACILITANT AINSI LE PROCESSUS DE COMMERCE INTERNATIONAL POUR LEURS CLIENTS.

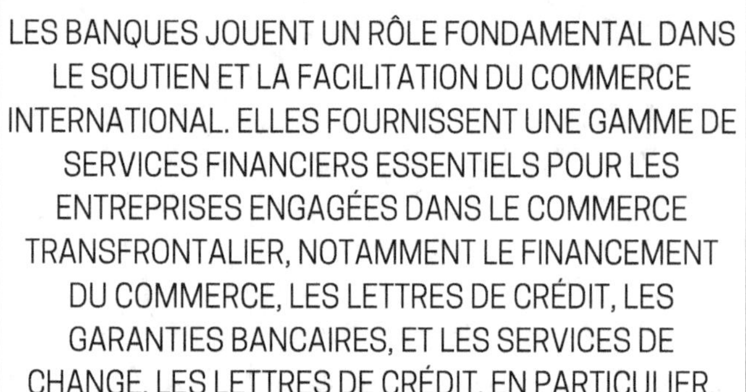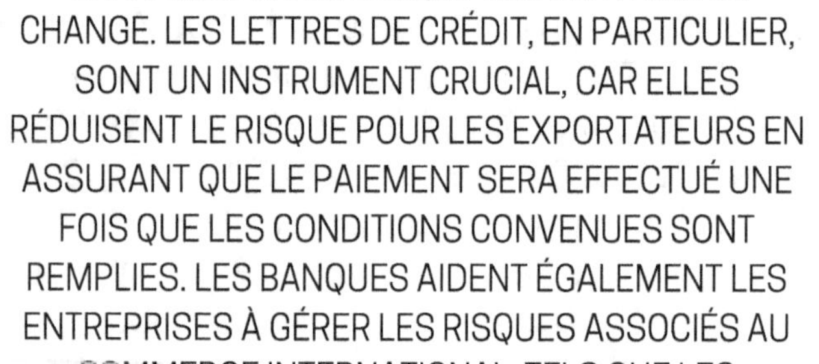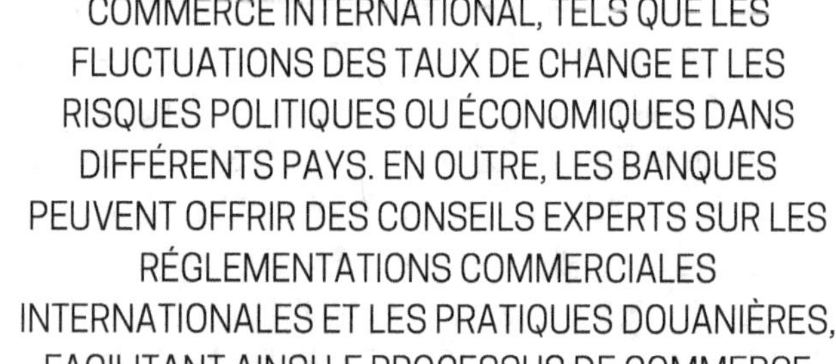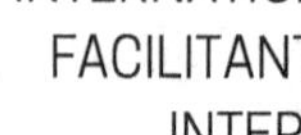

PARTENARIATS PUBLIC-PRIVÉ

LES PARTENARIATS PUBLIC-PRIVÉ (PPP) SONT DES COLLABORATIONS ENTRE LES ENTITÉS GOUVERNEMENTALES ET LES ENTREPRISES PRIVÉES POUR FINANCER, CONSTRUIRE ET GÉRER DES PROJETS D'INFRASTRUCTURE PUBLIQUE, COMME LES ROUTES, LES HÔPITAUX ET LES ÉCOLES. LES BANQUES JOUENT UN RÔLE CRUCIAL DANS LES PPP EN FOURNISSANT LE FINANCEMENT NÉCESSAIRE POUR CES PROJETS. ELLES PARTICIPENT À LA STRUCTURATION DES FINANCEMENTS, EN VEILLANT À CE QUE LES ARRANGEMENTS SOIENT BÉNÉFIQUES ET VIABLES POUR TOUTES LES PARTIES. LES BANQUES PEUVENT ÉGALEMENT OFFRIR DES CONSEILS SPÉCIALISÉS SUR LA GESTION DES RISQUES, LA MODÉLISATION FINANCIÈRE ET LES STRUCTURES CONTRACTUELLES. EN FACILITANT LES PPP, LES BANQUES CONTRIBUENT À LA RÉALISATION DE PROJETS D'INFRASTRUCTURE IMPORTANTS, TOUT EN PARTAGEANT LES RISQUES ET LES BÉNÉFICES ENTRE LE SECTEUR PUBLIC ET LE SECTEUR PRIVÉ.

100

BANQUES À L'ÈRE NUMÉRIQUE

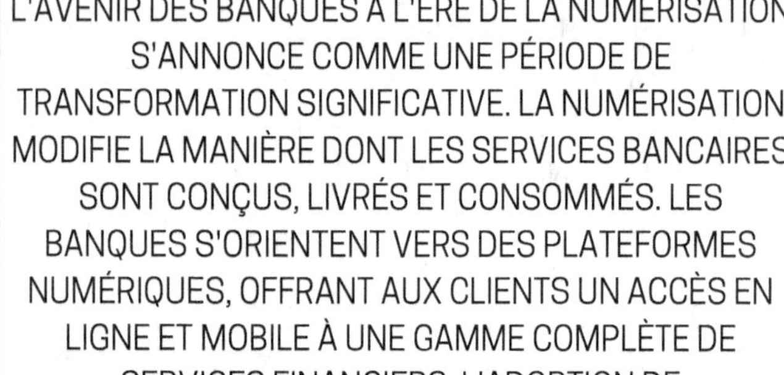

L'AVENIR DES BANQUES À L'ÈRE DE LA NUMÉRISATION S'ANNONCE COMME UNE PÉRIODE DE TRANSFORMATION SIGNIFICATIVE. LA NUMÉRISATION MODIFIE LA MANIÈRE DONT LES SERVICES BANCAIRES SONT CONÇUS, LIVRÉS ET CONSOMMÉS. LES BANQUES S'ORIENTENT VERS DES PLATEFORMES NUMÉRIQUES, OFFRANT AUX CLIENTS UN ACCÈS EN LIGNE ET MOBILE À UNE GAMME COMPLÈTE DE SERVICES FINANCIERS. L'ADOPTION DE TECHNOLOGIES TELLES QUE L'INTELLIGENCE ARTIFICIELLE, LA BLOCKCHAIN ET LES ANALYSES DE DONNÉES AVANCÉES VA PROBABLEMENT ACCROÎTRE L'EFFICACITÉ OPÉRATIONNELLE, AMÉLIORER L'EXPÉRIENCE CLIENT ET RENFORCER LA SÉCURITÉ. LES BANQUES VONT ÉGALEMENT DEVOIR NAVIGUER DANS UN PAYSAGE CONCURRENTIEL EN ÉVOLUTION, MARQUÉ PAR L'ÉMERGENCE DE FINTECHS ET DE BANQUES ENTIÈREMENT NUMÉRIQUES. POUR RESTER PERTINENTES, LES BANQUES TRADITIONNELLES DEVRONT INNOVER CONTINUELLEMENT ET S'ADAPTER AUX ATTENTES CHANGEANTES DES CONSOMMATEURS TOUT EN GÉRANT LES RISQUES ET EN SE CONFORMANT À UNE RÉGLEMENTATION EN CONSTANTE ÉVOLUTION.

www.ingramcontent.com/pod-product-compliance
Lightning Source LLC
Chambersburg PA
CBHW070905260726
48661CB00004B/1604